Chat-Bien-être : Vaincre l'Anxiété avec l'aide de Votre Chat

Chat-Bien-être : Vaincre l'Anxiété avec l'aide de Votre Chat

FRÉDÉRIC DE MERCIER

Sommaire

Chapitre 1 : Introduction : Le pouvoir thérapeutique des chats

Bienvenue dans ce voyage extraordinaire à la découverte du lien merveilleux qui unit les humains et les chats. Si vous tenez ce livre entre vos mains, c'est que vous avez probablement déjà ressenti le pouvoir apaisant de ces petites boules de poils ronronnantes.

Peut-être même avez-vous déjà expérimenté comment la simple présence de votre félin favori peut alléger vos angoisses et illuminer vos journées. Dans cet ouvrage, nous allons explorer en profondeur cette relation unique et fascinante, et découvrir comment nos compagnons à quatre pattes peuvent devenir de véritables alliés thérapeutiques pour vaincre l'anxiété.

En tant qu'expert et spécialiste des chats, j'ai eu la chance d'être aux premières loges pour observer et étudier pendant plus de 20 ans les bienfaits extraordinaires que les chats peuvent apporter à notre bien-être mental et émotionnel. Au fil des années, j'ai accompagné d'innombrables personnes souffrant d'anxiété, du simple stress chronique aux troubles anxieux plus sévères.

Et j'ai pu constater à quel point la présence rassurante et l'affection inconditionnelle d'un chat pouvaient faire une différence significative dans leur vie. Car les chats sont bien plus que de simples animaux de compagnie. Depuis des millénaires, ils partagent notre quotidien, nous offrant leur présence apaisante et leur soutien silencieux.

Leur nature calme et sereine semble avoir été spécialement conçue pour contrebalancer notre mode de vie trépidant et stressant. Quand l'anxiété nous submerge, quand le monde devient trop bruyant et oppressant, il suffit parfois de plonger son regard dans les yeux sages et tranquilles d'un chat pour retrouver son ancrage.

Les chats ont ce don merveilleux de nous ramener à l'instant présent, de nous inviter à ralentir et à savourer les petits plaisirs simples de la vie. Leur ronronnement apaisant, leurs câlins réconfortants, leur présence douce et rassurante sont autant de remèdes naturels contre l'anxiété. Avec eux à nos côtés, nous nous sentons moins seuls, plus en sécurité, plus apaisés.

Mais les bienfaits des chats vont bien au-delà d'un simple réconfort affectif. De nombreuses études scientifiques ont démontré l'impact positif des interactions avec un chat sur notre santé mentale et physique. Caresser un chat, entendre son ronronnement, jouer avec lui, prendre soin de lui...

Tous ces gestes du quotidien stimulent la production d'hormones du bien-être comme la sérotonine et l'ocytocine, tout en diminuant le taux de cortisol, l'hormone du stress. Les chats nous aident aussi à instaurer des routines rassurantes et structurantes, à nous recentrer sur l'essentiel, à cultiver la pleine conscience et la sérénité.

Leur présence nous encourage à prendre du temps pour nous, à écouter nos besoins, à respecter nos limites. Avec un chat à nos côtés, nous apprenons à mieux prendre soin de nous-mêmes, physiquement et émotionnellement. Mais attention, il ne s'agit pas de considérer nos compagnons félins comme de simples "médicaments anti-stress" ou des "dispensateurs automatiques de câlins".

La relation humain-chat est une véritable relation affective, basée sur l'attachement, la complicité et le respect mutuel. C'est justement la force de ce lien unique qui confère aux chats ce pouvoir apaisant si particulier. Pour en bénéficier pleinement, nous devons apprendre à créer une relation de qualité avec notre chat, à être à l'écoute de ses besoins, à respecter sa nature et sa personnalité.

C'est un chemin à double sens : en prenant soin de notre chat, en lui offrant un environnement sécurisant et épanouissant, nous prenons aussi soin de nous-mêmes et de notre bien-être émotionnel. Dans ce livre, nous explorerons tous les aspects de ce merveilleux compagnonnage thérapeutique.

Vous découvrirez comment la simple présence de votre chat peut apaiser vos angoisses, comment créer une relation de complicité et de confiance avec lui, comment aménager votre intérieur pour en faire un cocon de sérénité partagée.

Vous apprendrez à décoder le langage corporel de votre chat, à répondre à ses besoins, à mettre en place des activités et des rituels apaisants à partager avec lui. Nous aborderons aussi des sujets plus spécifiques, comme le rôle des chats auprès des enfants anxieux, des personnes âgées isolées ou des personnes souffrant de troubles anxieux sévères.

Nous explorerons les pistes prometteuses de la zoothérapie féline et les dernières découvertes scientifiques sur les bienfaits des chats pour la santé mentale. Mais ce livre se veut avant tout un guide pratique et bienveillant pour vous accompagner au quotidien dans cette belle aventure.

Ponctué de conseils, d'astuces, de témoignages et d'histoires touchantes, il vous invite à cultiver jour après jour votre relation privilégiée avec votre chat, pour en faire une véritable bulle de douceur et de réconfort. Car c'est peut-être ça, le plus beau cadeau que nous offrent les chats : une présence aimante et rassurante, un rappel constant que nous ne sommes pas seuls face à nos angoisses et nos tourments.

Avec leur sagesse tranquille et leur affection sans faille, ils nous montrent le chemin vers plus de sérénité et de douceur. Alors, prêt à ronronner de bonheur et à faire la paix avec vos angoisses ? Ouvrez grand votre cœur et laissez la magie féline opérer.

Votre doux compagnon à quatre pattes a tant à vous apprendre et à vous apporter. Ensemble, pas à pas, ronron après ronron, vous apprivoiserez votre anxiété comme vous avez apprivoisé votre chat : avec patience, bienveillance et amour. Moi-même, j'ai eu la chance d'expérimenter ce pouvoir apaisant des chats dans ma propre vie.

Pendant des années, j'ai souffert d'anxiété chronique et de stress intense, qui impactaient significativement mon bien-être et mon quotidien. Mais depuis que des boules de poils ronronnantes ont investi mon foyer et mon cœur, j'ai progressivement appris à apaiser mes angoisses et à retrouver une sérénité nouvelle.

Grâce à la présence rassurante de mes compagnons félins, à leurs câlins réconfortants, à la douceur de nos rituels partagés, j'ai peu à peu réappris à respirer, à lâcher prise, à savourer l'instant présent. Nos moments de jeu, de tendresse et de complicité sont devenus autant de parenthèses enchantées dans mes journées, des bulles de bien-être et de légèreté qui m'aident à tenir bon même dans les moments difficiles.

Bien sûr, vivre avec un chat n'a pas effacé comme par magie toutes mes angoisses et mes peurs. Mais cela m'a offert un soutien précieux, un ancrage rassurant, une source inépuisable de réconfort et de joie. Jour après jour, ronron après ronron, mes petits compagnons m'accompagnent avec patience et bienveillance sur le chemin de la guérison émotionnelle.

Et c'est tout le bien que je vous souhaite à travers ce livre : que vous puissiez à votre tour expérimenter ce merveilleux pouvoir apaisant des chats, que vous trouviez en votre compagnon félin un allié précieux pour apprivoiser vos angoisses et vous épanouir sereinement.

Ensemble, nous allons explorer tous les aspects de cette fascinante relation thérapeutique, et découvrir comment en faire une source de bien-être et d'apaisement au quotidien. Alors, prêt à ronronner de bonheur et à faire la paix avec votre anxiété ? Tournez vite la page et laissez-vous guider par la sagesse féline. Un merveilleux voyage intérieur vous attend, au rythme doux et apaisant des ronronnements de votre chat.

Chapitre 2 : Comprendre l'anxiété

L'anxiété, cette émotion si familière et pourtant si complexe, est une expérience universelle qui touche chacun d'entre nous à un moment ou à un autre de notre vie.

Qu'il s'agisse d'une inquiétude passagère face à un événement stressant ou d'une angoisse persistante qui s'immisce dans notre quotidien, l'anxiété fait partie intégrante de la condition humaine. Mais lorsqu'elle devient envahissante, excessive et disproportionnée, elle peut se transformer en un véritable fardeau qui pèse sur notre bien-être mental et émotionnel.

Dans ce chapitre, nous allons plonger au cœur de l'anxiété pour mieux la comprendre dans toutes ses dimensions. Nous explorerons ses causes multiples, qui peuvent être à la fois biologiques, psychologiques et environnementales, et nous verrons comment ces différents facteurs s'entremêlent pour façonner notre vulnérabilité face à ce trouble.

Nous décrirons également les symptômes physiques et psychologiques qui caractérisent l'anxiété, depuis les manifestations les plus subtiles jusqu'aux plus handicapantes. Mais au-delà de ses symptômes, l'anxiété a aussi un impact profond sur notre vie quotidienne, affectant nos relations, notre travail, nos loisirs et notre qualité de vie en général.

Nous verrons comment elle peut nous pousser à l'isolement, à l'évitement et à la procrastination, limitant ainsi nos possibilités d'épanouissement personnel et professionnel. Nous aborderons également les conséquences de l'anxiété sur notre santé physique, car ce trouble mental peut aussi entraîner des répercussions somatiques non négligeables.

Comprendre l'anxiété dans toute sa complexité est un premier pas essentiel vers la guérison. En identifiant ses mécanismes, ses manifestations et ses impacts, nous pouvons commencer à développer des stratégies pour mieux la gérer au quotidien et retrouver un équilibre émotionnel.

Et c'est justement là que nos compagnons félins peuvent jouer un rôle précieux, en nous offrant leur présence apaisante et leur affection inconditionnelle. Mais avant d'explorer cette piste prometteuse, il nous faut d'abord apprivoiser l'anxiété elle-même, cette compagne indésirable mais ô combien humaine.

Les multiples visages de l'anxiété

L'anxiété est une émotion protéiforme qui peut prendre de nombreux visages, depuis la simple inquiétude jusqu'à la panique la plus paralysante. Elle se manifeste à travers une constellation de symptômes physiques, psychologiques et comportementaux qui varient d'une personne à l'autre et évoluent au fil du temps.

Cette diversité peut rendre l'anxiété difficile à identifier et à diagnostiquer, d'autant plus qu'elle se mêle souvent à d'autres troubles mentaux comme la dépression ou les addictions. Parmi les manifestations physiques les plus courantes de l'anxiété, on retrouve les palpitations cardiaques, les tremblements, les sueurs, les tensions musculaires, les maux de tête et les troubles digestifs.

Ces symptômes sont le reflet de l'activation du système nerveux sympathique, qui prépare le corps à faire face à une menace perçue. Mais lorsque cette réaction de stress devient chronique et disproportionnée, elle peut épuiser l'organisme et favoriser l'apparition de problèmes de santé à long terme.

Sur le plan psychologique, l'anxiété se traduit par des pensées négatives récurrentes, des inquiétudes excessives et incontrôlables, une difficulté à se concentrer et à prendre des décisions, ainsi qu'un sentiment persistant de tension et de nervosité.

Ces symptômes cognitifs et émotionnels peuvent être particulièrement handicapants au quotidien, entravant la capacité à mener une vie épanouissante et sereine. L'anxiété entraîne également des répercussions comportementales, poussant souvent les personnes qui en souffrent à éviter les situations perçues comme menaçantes ou stressantes.

Cet évitement peut prendre de nombreuses formes, depuis la procrastination jusqu'au retrait social complet, en passant par la consommation de substances pour apaiser temporairement le mal-être. Mais à long terme, ces stratégies d'adaptation inadaptées ne font que renforcer l'anxiété et restreindre les possibilités d'épanouissement.

Il est important de souligner que l'anxiété n'est pas une faiblesse ou un défaut de caractère, mais bien un trouble mental à part entière qui mérite une prise en charge adaptée. Trop souvent, les personnes souffrant d'anxiété sont confrontées à l'incompréhension et aux jugements de leur entourage, qui peut avoir du mal à saisir la réalité de leur souffrance.

Cette stigmatisation ne fait qu'aggraver le sentiment de honte et d'isolement, rendant encore plus difficile la démarche de demander de l'aide. Pourtant, l'anxiété est un trouble très répandu qui touche des millions de personnes à travers le monde, sans distinction d'âge, de genre ou de milieu social.

Selon l'Organisation mondiale de la santé, les troubles anxieux sont même la catégorie de troubles mentaux la plus fréquente, avec une prévalence estimée à 3,6% de la population mondiale. Ces chiffres soulignent l'importance de briser le tabou qui entoure encore trop souvent l'anxiété et de promouvoir une meilleure compréhension et une plus grande empathie envers ceux qui en souffrent.

Car au-delà des statistiques, l'anxiété est avant tout une expérience intime et douloureuse qui peut profondément altérer la qualité de vie. Vivre avec ce trouble au quotidien, c'est être constamment sur le qui-vive, épuisé par des pensées intrusives et des scénarios catastrophes.

C'est se sentir prisonnier de son propre esprit, incapable de profiter pleinement des petits bonheurs de l'existence. C'est voir ses relations, ses projets et ses rêves entravés par une peur irrationnelle et paralysante. Mais l'anxiété n'est pas une fatalité.

Avec un accompagnement adapté, combinant thérapie, médicaments si nécessaire et changements de mode de vie, il est possible d'apprendre à mieux gérer ses symptômes et à retrouver un équilibre émotionnel. Et c'est là que nos compagnons félins peuvent jouer un rôle précieux, en nous offrant un soutien affectif et une présence apaisante au quotidien.

Mais avant d'explorer cette piste prometteuse, il nous faut d'abord comprendre les causes profondes de l'anxiété et les mécanismes qui la sous-tendent.

Les différents visages de l'anxiété pathologique

Si l'anxiété est une émotion universelle et nécessaire à notre survie, elle peut parfois prendre une ampleur démesurée et devenir un véritable fardeau au quotidien. On parle alors de troubles anxieux, qui regroupent un large éventail de manifestations cliniques.

Parmi les plus fréquents, on retrouve le trouble d'anxiété généralisée, caractérisé par une inquiétude excessive et incontrôlable concernant divers aspects de la vie quotidienne. Les personnes souffrant de ce trouble ont tendance à anticiper le pire en permanence, à ruminer et à avoir du mal à se détendre, même lorsque les circonstances ne justifient pas un tel niveau d'anxiété.

Les troubles paniques sont une autre forme d'anxiété pathologique, marquée par la survenue brutale et récurrente de crises d'angoisse. Ces attaques de panique se manifestent par une peur intense et une sensation de danger imminent, accompagnées de symptômes physiques tels que palpitations, transpiration, tremblements, sensation d'étouffement ou de vertige.

La peur de refaire une crise peut conduire à un comportement d'évitement de situations ou de lieux associés aux attaques précédentes, restreignant ainsi considérablement la liberté de mouvement et la qualité de vie. Les phobies spécifiques sont également très répandues et se caractérisent par une peur irrationnelle et excessive d'un objet ou d'une situation particulière.

Qu'il s'agisse d'araignées, d'avions, d'ascenseurs ou de lieux publics, la confrontation avec l'objet de la phobie déclenche une réaction anxieuse disproportionnée, pouvant aller jusqu'à la crise de panique. Pour échapper à cette souffrance, les personnes phobiques mettent en place des stratégies d'évitement qui peuvent considérablement entraver leur fonctionnement social et professionnel.

L'anxiété sociale, aussi appelée phobie sociale, se manifeste par une peur intense d'être jugé négativement ou humilié en public. Les situations redoutées peuvent être très variées, comme prendre la parole devant un groupe, manger en public, écrire sous le regard d'autrui ou encore initier une conversation.

La crainte du rejet et du ridicule est si forte qu'elle pousse souvent les personnes atteintes à fuir les interactions sociales, les condamnant ainsi à l'isolement et à la solitude. Les troubles obsessionnels compulsifs (TOC) se caractérisent par la présence d'obsessions (pensées intrusives et récurrentes générateurs d'anxiété) et de compulsions (comportements répétitifs ou rituels mentaux destinés à soulager l'anxiété).

Par exemple, une personne souffrant de TOC peut avoir des obsessions de contamination et se sentir obligée de se laver les mains de manière excessive et ritualisée pour apaiser son angoisse. Ces comportements, bien que reconnus comme irrationnels, deviennent envahissants et chronophages, interférant significativement avec le fonctionnement quotidien.

L'état de stress post-traumatique (ESPT) est un trouble anxieux qui peut survenir à la suite de l'exposition à un événement traumatisant, comme un accident, une agression ou une catastrophe naturelle. Les personnes atteintes revivent de manière intrusive et répétée l'expérience traumatique à travers des flashbacks, des cauchemars et des réactions physiques intenses.

Elles peuvent aussi présenter une hypervigilance, des troubles du sommeil, un détachement émotionnel et un comportement d'évitement des stimuli associés au traumatisme. Cette liste non exhaustive des principaux troubles anxieux met en lumière la diversité des manifestations cliniques de l'anxiété pathologique.

Chaque trouble a ses spécificités symptomatiques et ses répercussions propres sur le fonctionnement de l'individu. Cependant, ils partagent tous un point commun : une souffrance psychique intense et une altération significative de la qualité de vie.

Il est essentiel de souligner que ces troubles ne sont pas le fruit d'une faiblesse de caractère ou d'un manque de volonté. Ce sont de véritables maladies, résultant d'une interaction complexe entre des facteurs biologiques, psychologiques et environnementaux.

Leur prise en charge nécessite souvent une approche multidisciplinaire, combinant psychothérapie, traitement médicamenteux et modifications du mode de vie. Malheureusement, la stigmatisation entourant les troubles anxieux reste encore trop présente dans notre société.

La peur du jugement et la honte peuvent dissuader les personnes atteintes de chercher de l'aide, les enfermant ainsi dans un cercle vicieux de souffrance et d'isolement. Il est crucial de briser ces tabous et d'encourager une meilleure compréhension et acceptation des troubles anxieux, afin que chacun puisse accéder aux soins dont il a besoin sans crainte de discrimination.

Car si l'anxiété pathologique peut prendre de multiples visages, elle n'en reste pas moins une réalité douloureuse et invalidante pour ceux qui en souffrent. Apprendre à reconnaître ses différentes manifestations est un premier pas essentiel vers une meilleure prise en charge et un soutien adapté.

C'est en nommant et en comprenant cette souffrance que nous pourrons collectivement œuvrer à son soulagement et à une meilleure intégration des personnes anxieuses dans notre société. Dans les sections suivantes, nous explorerons plus en détail les causes et les mécanismes sous-jacents des troubles anxieux, ainsi que les différentes approches thérapeutiques disponibles.

Nous verrons également comment certains changements de mode de vie et l'adoption de stratégies de gestion du stress peuvent contribuer à réduire les symptômes et à améliorer le bien-être des personnes atteintes. Mais au-delà des aspects médicaux et psychologiques, nous aborderons aussi le rôle crucial de l'entourage et de la société dans l'accompagnement des personnes souffrant de troubles anxieux.

Car c'est en cultivant l'empathie, la bienveillance et la solidarité que nous pourrons créer un environnement propice à leur épanouissement et à leur guérison. Alors, que vous soyez vous-même concerné par l'anxiété pathologique ou que vous cherchiez à mieux comprendre et soutenir un proche qui en souffre, les pages qui suivent vous apporteront des clés de compréhension et des pistes de réflexion pour apprivoiser cette émotion si complexe et si humaine.

Ensemble, nous pouvons apprendre à mieux vivre avec l'anxiété et à en faire une alliée plutôt qu'une ennemie sur le chemin de notre bien-être émotionnel.

Chapitre 3 : Le lien unique entre les chats et les humains

Depuis la nuit des temps, les chats et les humains entretiennent une relation particulière, faite de fascination mutuelle, de complicité et parfois d'incompréhension. Ce lien unique, forgé au fil des millénaires, a traversé les époques et les cultures, laissant une empreinte indélébile dans notre histoire commune.

Des premiers contacts dans l'Égypte ancienne jusqu'à nos jours, où le chat est devenu l'un des animaux de compagnie les plus populaires au monde, cette relation n'a cessé d'évoluer et de se renforcer. Dans ce chapitre, nous allons explorer les origines et les différentes facettes de ce lien si spécial entre les chats et les humains.

Nous verrons comment, au fil des siècles, le chat est passé du statut d'animal utilitaire à celui de compagnon adoré, vénéré et parfois même divinisé. Nous découvrirons comment cette relation a influencé l'art, la littérature, les croyances et les modes de vie des différentes civilisations.

Mais au-delà de l'aspect historique et culturel, nous nous intéresserons aussi à la nature même de ce lien, à ce qui fait sa force et sa singularité. Nous explorerons les raisons pour lesquelles tant de personnes se sentent profondément attachées à leur chat, et comment cet animal mystérieux et indépendant peut devenir un véritable confident, un soutien émotionnel et un compagnon de vie irremplaçable.

Car s'il est une chose que l'histoire nous enseigne, c'est que le lien entre les chats et les humains dépasse largement le simple rapport animal-maître. C'est une relation complexe et multiforme, faite de respect mutuel, de tendresse et parfois de défis. Une relation qui a su s'adapter aux changements de société et de mentalités, tout en préservant son essence unique.

Alors, plongeons ensemble dans cette fascinante histoire d'amour millénaire entre les chats et les humains. Découvrons comment, au fil des âges, ces deux espèces si différentes ont appris à cohabiter, à communiquer et à s'apprivoiser mutuellement. Et comprenons pourquoi, aujourd'hui encore, le chat occupe une place si particulière dans nos cœurs et dans nos foyers.

Les premiers contacts dans l'Égypte ancienne

C'est dans l'Égypte ancienne, il y a plus de 4000 ans, que l'on trouve les premières traces d'une relation étroite entre les chats et les humains. À cette époque, les chats sauvages d'Afrique (Felis silvestris lybica), attirés par les rongeurs qui infestaient les greniers à grains, commencent à s'approcher des habitations humaines.

Les Égyptiens, qui voient en eux des alliés précieux pour protéger leurs récoltes, les laissent s'installer et les traitent avec respect. Peu à peu, ces chats sauvages s'apprivoisent et se reproduisent, donnant naissance aux premiers chats domestiques.

Les Égyptiens, fascinés par leur grâce, leur agilité et leur caractère mystérieux, commencent à les vénérer et à les associer à leurs divinités. Le chat devient un animal sacré, protégé par la loi et momifié après sa mort pour l'accompagner dans l'au-delà. La déesse Bastet, représentée sous la forme d'une femme à tête de chat, incarne la fertilité, la maternité et la protection du foyer.

Son culte est très populaire, et des milliers de chats sont élevés dans les temples qui lui sont dédiés. Tuer un chat, même accidentellement, constitue un crime passible de la peine de mort. Cette relation privilégiée entre les chats et les Égyptiens va durer pendant des siècles, influençant profondément la place du chat dans la société et la culture de l'époque.

Les chats sont représentés dans l'art, les hiéroglyphes et les objets du quotidien, témoignant de leur importance dans la vie des anciens Égyptiens.

La diffusion du chat dans le monde antique

Grâce aux échanges commerciaux et aux conquêtes, le chat égyptien va progressivement se répandre dans tout le bassin méditerranéen et au-delà. Les Phéniciens, grands navigateurs et commerçants, embarquent des chats sur leurs navires pour chasser les rats et les souris qui menacent leurs cargaisons.

Ils contribuent ainsi à diffuser le chat domestique dans les ports de la Méditerranée et jusqu'en Europe du Nord. Les Grecs et les Romains, d'abord méfiants envers cet animal qu'ils associent à l'Égypte mystérieuse et exotique, finissent par l'adopter à leur tour.

Chez les Romains, le chat devient un animal de compagnie apprécié, notamment par les femmes de la haute société. On le retrouve dans les mosaïques et les fresques qui ornent les villas patriciennes. Avec l'expansion de l'Empire romain, le chat domestique va se répandre dans toute l'Europe, l'Afrique du Nord et une partie de l'Asie.

Il s'adapte à différents climats et modes de vie, chassant les rongeurs dans les maisons, les fermes et les navires. Sa présence devient de plus en plus familière, et il commence à tisser des liens étroits avec les humains qui l'accueillent.

Le chat au Moyen Âge : entre superstition et persécution

Au Moyen Âge, le statut du chat va connaître des hauts et des bas en Europe. Dans les monastères, les chats sont appréciés pour leur capacité à chasser les rats et les souris qui menacent les précieux manuscrits. Les moines les nourrissent et les protègent, voyant en eux des créatures de Dieu.

Mais avec la montée en puissance de l'Église et la chasse aux sorcières, le chat va peu à peu être associé au diable et à la magie noire. Son caractère indépendant, ses yeux brillants dans la nuit et sa capacité à retomber sur ses pattes alimentent les superstitions.

On accuse les chats d'être les familiers des sorcières, et on les persécute lors des grands procès en sorcellerie. Pourtant, malgré cette réputation sulfureuse, le chat reste un animal apprécié par une grande partie de la population. Dans les campagnes, il est un allié précieux des paysans, protégeant les récoltes et les greniers des rongeurs.

Dans les villes, il trouve sa place dans les foyers, où il est nourri et choyé par ses maîtres. C'est aussi au Moyen Âge que l'on voit apparaître les premières représentations du chat dans la littérature et l'art européens. Dans les bestiaires médiévaux, le chat est décrit comme un animal rusé, agile et parfois sournois.

On le retrouve dans les enluminures, les tapisseries et les sculptures des cathédrales, témoignant de sa présence dans l'imaginaire collectif de l'époque. Malgré les persécutions et les superstitions, le lien entre les chats et les humains va continuer à se renforcer au fil des siècles.

Le chat, par sa présence discrète et rassurante, devient peu à peu un compagnon indispensable de la vie quotidienne, apportant réconfort et protection à ceux qui l'accueillent sous leur toit.

Une relation d'indépendance mutuelle

Si le chat a su se frayer un chemin jusqu'au cœur de nos foyers et de nos vies, c'est en grande partie grâce à son indépendance et à sa nature sauvage, qu'il a su préserver malgré des millénaires de domestication.

Contrairement au chien, qui a été façonné par la sélection pour devenir le compagnon docile et obéissant de l'homme, le chat a conservé une part importante de son tempérament félin originel.

Cette indépendance, à la fois physique et comportementale, a façonné une relation unique entre les humains et les chats, une relation d'égal à égal, où chacun respecte l'espace et la liberté de l'autre. Le chat n'est pas un animal de compagnie au sens strict, il est plutôt un compagnon qui a choisi de partager notre quotidien, tout en gardant une part de mystère et de sauvagerie.

L'indépendance physique du chat

Dès les premiers contacts avec les humains, le chat a su tirer parti de ses capacités de chasseur hors pair pour assurer sa subsistance. Contrairement aux chiens, qui dépendent entièrement de l'homme pour se nourrir, les chats ont pu conserver leur autonomie alimentaire en chassant les rongeurs qui proliféraient autour des habitats humains.

Cette indépendance a permis au chat de garder une certaine distance avec l'homme, tout en profitant des avantages de la vie à ses côtés. Il n'a pas eu besoin de se soumettre complètement à la domestication pour survivre, préservant ainsi une grande partie de ses instincts et de ses comportements naturels.

Même de nos jours, dans nos foyers modernes, le chat conserve cette capacité à subvenir à ses propres besoins. Certes, nous le nourrissons et le choyons, mais il n'en reste pas moins un prédateur né, capable de chasser et de se nourrir seul si nécessaire.

Cette indépendance physique renforce son aura de créature sauvage et mystérieuse, même lorsqu'il ronronne paisiblement sur nos canapés.

L'indépendance comportementale du chat

Au-delà de son autonomie physique, le chat a également préservé une grande part de son indépendance comportementale. Contrairement au chien, qui a été sélectionné pour obéir et se soumettre à l'autorité humaine, le chat reste un animal fier et indépendant, qui ne se plie que rarement à notre volonté.

Cette indépendance se manifeste dans son comportement quotidien. Le chat n'hésite pas à ignorer nos appels ou nos ordres s'il n'en a pas envie. Il choisit lui-même quand et comment interagir avec nous, selon ses propres désirs et humeurs. Son attitude désinvolte et son apparente nonchalance peuvent parfois nous agacer, mais elles font aussi partie intégrante de son charme et de sa personnalité unique.

Le chat est également un animal très territorial, qui a besoin de son espace vital et de ses repères. Il ne supporte pas les changements trop brutaux ou les environnements trop confinés, préférant garder une certaine liberté de mouvement.

Cette indépendance spatiale peut parfois entrer en conflit avec notre mode de vie sédentaire, mais elle reflète aussi la nature profonde du chat, un animal qui a besoin de se sentir libre et maître de son territoire. Enfin, le chat a conservé une grande part de ses comportements naturels, comme la chasse, le marquage de territoire ou les rituels de toilettage.

Ces comportements, qui peuvent nous sembler étranges ou incongrus, sont en réalité des manifestations de son héritage sauvage et de son indépendance comportementale.

Une relation d'égal à égal

C'est cette indépendance, à la fois physique et comportementale, qui a façonné la relation unique entre les chats et les humains. Contrairement à la relation maître-animal de compagnie traditionnelle, la relation chat-humain est davantage une relation d'égal à égal, où chacun respecte l'espace et la liberté de l'autre.

Les humains ont dû apprendre à accepter l'indépendance du chat, à respecter ses besoins et ses désirs, plutôt que de chercher à le soumettre complètement à leur volonté. En retour, le chat a choisi de partager notre quotidien, de nous offrir sa présence apaisante et son affection, tout en gardant une part de mystère et de sauvagerie.

Cette relation d'égal à égal a donné naissance à un lien unique, fait de respect mutuel, de complicité et parfois d'incompréhension. Le chat nous fascine par son indépendance et sa nature insaisissable, tandis que nous l'attirons par le confort et la sécurité de nos foyers.

C'est un équilibre délicat, où chacun doit accepter les différences de l'autre pour que la relation fonctionne. Mais c'est aussi ce qui rend cette relation si riche et si fascinante. Le chat n'est pas un simple animal de compagnie, c'est un compagnon à part entière, qui a choisi de partager notre vie tout en gardant sa propre identité.

Et c'est peut-être cette tension entre indépendance et attachement qui crée ce lien si particulier, fait d'affection profonde et de respect mutuel.

Une relation qui a traversé les âges

Cette relation unique entre les chats et les humains n'est pas un phénomène récent. Elle a traversé les siècles et les civilisations, s'adaptant aux changements de société et de mentalités, tout en préservant son essence. Dans l'Égypte ancienne, les chats étaient vénérés comme des créatures divines, protectrices du foyer et de la fertilité.

Leur indépendance et leur mystère en faisaient des êtres à part, dignes d'adoration et de respect. Pourtant, malgré ce statut sacré, les Égyptiens avaient compris qu'il fallait respecter la nature du chat et lui laisser une certaine liberté pour qu'il puisse s'épanouir à leurs côtés. Au Moyen Âge, en revanche, le chat a été diabolisé et persécuté, associé aux ténèbres et à la sorcellerie.

Mais même dans ces périodes sombres, il a su préserver son indépendance et sa fierté, défiant les superstitions et les préjugés pour continuer à partager le quotidien des humains qui l'acceptaient. À partir de la Renaissance, le chat a progressivement retrouvé sa place dans les foyers européens, devenant un compagnon apprécié pour sa beauté, son élégance et son caractère unique.

Les artistes et les écrivains de l'époque ont célébré son indépendance et son mystère, projetant sur lui toutes sortes de fantasmes et de symboles. Aujourd'hui, le chat est l'un des animaux de compagnie les plus populaires au monde, présent dans des millions de foyers.

Mais malgré cette domestication massive, il a su préserver son indépendance et sa nature sauvage, continuant à fasciner et à défier les humains qui l'entourent. Cette capacité à traverser les âges et les cultures, tout en restant fidèle à sa nature profonde, est peut-être la plus grande force du chat.

C'est ce qui en fait un compagnon si particulier et si précieux, un lien vivant avec notre héritage sauvage et notre besoin d'indépendance.

Un lien qui défie les conventions

Au fil des siècles, le lien unique entre les chats et les humains a défié les conventions et les attentes de la domestication traditionnelle. Là où l'on attendait de l'obéissance et de la soumission, le chat a offert de l'indépendance et de la fierté. Là où l'on cherchait un compagnon docile, il a apporté son tempérament sauvage et insaisissable.

Cette relation hors-norme a parfois suscité l'incompréhension, voire le rejet. Comment accepter un animal qui refuse de se plier à notre volonté, qui choisit lui-même quand et comment interagir avec nous ? Comment comprendre cette créature qui semble à la fois si proche et si lointaine, si familière et si mystérieuse ?

Pourtant, c'est peut-être justement cette tension, cette remise en question des conventions, qui a rendu le lien entre les chats et les humains si fascinant et si durable. En défiant nos attentes, le chat nous a obligés à remettre en question notre rapport à la domestication, à repenser notre relation avec le monde animal.

Il nous a appris à respecter l'indépendance et la liberté, à accepter la différence et le mystère. Il nous a montré qu'une relation profonde et enrichissante peut exister au-delà de la simple domination, dans un équilibre subtil entre attachement et distance. Et c'est peut-être là, dans cette leçon d'humilité et de respect, que réside la plus grande richesse de notre lien avec les chats.

En nous confrontant à leur indépendance, ils nous ont aidés à mieux comprendre notre propre nature, notre besoin d'autonomie et de liberté. Ils nous ont rappelé que la véritable complicité ne peut exister que dans le respect mutuel, et non dans la soumission aveugle.

Alors, même si cette relation hors-norme peut parfois nous dérouter ou nous frustrer, embrassons-en la richesse et la complexité. Célébrons cette indépendance qui fait du chat un compagnon si unique et si précieux.

Et soyons fiers d'avoir su tisser, au fil des siècles, un lien si particulier avec ces créatures sauvages et mystérieuses, qui ont choisi de partager notre quotidien sans jamais renier leur nature profonde.

Chapitre 4 : La présence apaisante du chat

Dans les chapitres précédents, nous avons exploré les méandres de l'anxiété, ce mal insidieux qui peut nous gâcher l'existence, et nous avons retracé l'histoire millénaire du lien unique qui unit les chats et les humains. Il est temps maintenant de nous pencher sur l'un des aspects les plus fascinants et les plus précieux de cette relation : le pouvoir apaisant de la simple présence féline.

Car s'il est une chose que nos compagnons à quatre pattes savent faire à merveille, c'est bien nous transmettre leur sérénité contagieuse et nous envelopper de leur douceur réconfortante. Dans ce chapitre, nous allons découvrir comment, par leur seule présence à nos côtés, les chats peuvent devenir de véritables alliés pour réduire notre stress et apaiser nos angoisses.

Nous explorerons les mécanismes scientifiques qui sous-tendent cet effet apaisant, et nous verrons comment en tirer le meilleur parti au quotidien pour cultiver notre bien-être émotionnel. Alors, installez-vous confortablement, de préférence avec un doux compagnon félin sur les genoux, et laissez-vous guider par la magie tranquille des chats.

La présence silencieuse mais ô combien rassurante du chat

Il suffit parfois d'un regard, d'un frôlement, d'une présence discrète mais bienveillante. Quand l'anxiété nous submerge, quand le stress nous noue les entrailles, la simple présence d'un chat à nos côtés peut faire toute la différence. Pas besoin de grands discours, de gestes compliqués ou de remèdes miracles.

La seule compagnie de ces petits êtres au regard sage et au cœur tendre suffit souvent à nous apaiser et à nous réconforter. Car les chats ont ce don merveilleux de nous transmettre leur tranquillité d'esprit, leur capacité à vivre l'instant présent sans s'encombrer des tracas du passé ou des inquiétudes du futur.

Quand nous observons un chat assoupi, paisiblement lové sur un coussin, ou un félin en pleine séance de toilettage, méthodique et appliqué, nous ne pouvons qu'être frappés par leur sérénité contagieuse. Leur attitude détendue, leur respiration profonde et régulière, leurs mouvements lents et fluides...

Tout en eux semble nous inviter à ralentir, à lâcher prise, à nous ancrer dans le moment présent. Et c'est précisément cette qualité de présence, cette pleine conscience féline, qui fait des chats des compagnons si précieux pour les personnes souffrant d'anxiété.

En nous invitant à nous synchroniser sur leur rythme paisible, en nous rappelant constamment l'importance de savourer les petits plaisirs simples de la vie, ils nous aident à apaiser notre mental agité et à trouver un peu de répit dans le tumulte de nos pensées anxieuses.

Mais la présence réconfortante des chats ne se limite pas à leur seule attitude zen et détachée. Elle se manifeste aussi dans leur disponibilité de chaque instant, dans leur écoute patiente et bienveillante de nos états d'âme. Combien de fois avons-nous ressenti le besoin impérieux de nous confier à notre chat, de lui raconter nos tracas et nos angoisses, sans crainte d'être jugés ou incompris ?

Combien de fois nous sommes-nous sentis réconfortés et apaisés simplement en plongeant notre regard dans les yeux doux et sages de notre félin préféré ? Car c'est là toute la magie de la présence féline : une écoute inconditionnelle, une acceptation totale de ce que nous sommes, avec nos forces et nos faiblesses, nos joies et nos peines.

Contrairement aux humains, qui peuvent parfois nous paraître intrusifs, critiques ou pressés de nous prodiguer des conseils, les chats nous offrent une présence discrète et bienveillante, une oreille attentive et sans jugement. Avec eux, nous pouvons être nous-mêmes, sans fard et sans faux-semblants.

Nous pouvons laisser libre cours à nos émotions, exprimer nos peurs et nos doutes, sans crainte de les ennuyer ou de les décevoir. Cette liberté d'être soi, cette acceptation inconditionnelle, est un baume précieux pour nos âmes anxieuses, souvent trop habituées à se censurer ou à se conformer aux attentes des autres.

Grâce à la présence aimante et sans condition de nos compagnons félins, nous réapprenons peu à peu à nous accepter tels que nous sommes, à nous accueillir avec bienveillance et compassion. Et ce faisant, nous renforçons notre sentiment de sécurité intérieure et notre confiance en nous, deux piliers essentiels de notre bien-être émotionnel.

Mais la présence réconfortante des chats ne se manifeste pas seulement dans les moments de confidence et d'épanchement. Elle imprègne aussi tous les petits instants anodins du quotidien, ces moments a priori banals mais qui, partagés avec un félin, prennent soudain une saveur particulière.

Quand notre chat vient se lover contre nous pendant que nous lisons un livre ou que nous regardons un film, quand il s'assoit à nos côtés pendant que nous travaillons sur notre ordinateur, quand il nous suit discrètement du regard pendant que nous vaquons à nos occupations...

Sa simple présence silencieuse mais bienveillante suffit à nous apaiser, à nous ancrer, à nous rappeler que nous ne sommes pas seuls. C'est comme s'il veillait sur nous, comme un ange gardien discret et rassurant, prêt à nous réconforter au moindre signe de détresse.

Cette présence constante et rassurante est particulièrement précieuse pour les personnes souffrant d'anxiété de séparation ou de solitude. Savoir que notre chat est là, à nos côtés, qu'il ne nous abandonnera pas et qu'il sera toujours ravi de nous voir rentrer à la maison, peut considérablement réduire notre sentiment d'insécurité et d'isolement.

Avec un félin dans notre vie, nous avons la certitude de toujours avoir un compagnon fidèle et aimant à nos côtés, un être vivant avec qui partager notre quotidien et nos émotions. Et cette simple certitude peut faire toute la différence pour apaiser nos angoisses d'abandon et de solitude. Mais la magie de la présence féline ne s'arrête pas là.

Car au-delà de leur compagnie rassurante et de leur écoute bienveillante, les chats ont aussi le pouvoir de nous aider à instaurer des routines apaisantes et structurantes dans notre quotidien. Quand l'anxiété nous gagne, il n'est pas rare que notre rythme de vie soit perturbé, que nos repères soient brouillés et que nous nous sentions désorientés et déboussolés.

Les repas à heures fixes de notre chat, ses séances de jeu programmées, ses siestes régulières... Tous ces petits rituels félins peuvent devenir autant de points d'ancrage rassurants dans notre journée, autant de repères stables et prévisibles sur lesquels nous appuyer quand tout le reste semble incertain et chaotique.

En calquant notre propre rythme sur celui de notre chat, en nous laissant guider par ses habitudes paisibles et immuables, nous réintroduisons doucement de la structure et de la régularité dans notre vie. Et ce faisant, nous apaisons notre sentiment de perte de contrôle et de désorientation, si caractéristique de l'anxiété.

Prendre soin de notre chat, répondre à ses besoins, respecter ses rituels... Ces gestes du quotidien, a priori anodins, peuvent ainsi devenir de véritables outils d'auto-apaisement et de régulation émotionnelle.

En nous concentrant sur le bien-être de notre compagnon félin, en nous impliquant dans une relation de soin et d'attention, nous donnons du sens à nos journées et nous nous ancrons dans le concret du moment présent. Et sans même nous en rendre compte, nous réduisons ainsi notre stress et notre anxiété, trop souvent nourris par les ruminations mentales et les projections anxieuses dans le futur.

Enfin, la présence rassurante des chats se manifeste aussi dans leur capacité à nous offrir un sentiment de sécurité et de protection. Même si nos félins de compagnie ne sont plus les chasseurs sauvages qu'étaient leurs ancêtres, ils ont conservé cet instinct de protection et de vigilance propre à leur espèce.

Leur simple présence à nos côtés, leur attitude aux aguets, leur réactivité aux moindres bruits ou mouvements suspects... Tout cela contribue à renforcer notre sentiment de sécurité et à réduire notre hypervigilance anxieuse. Avec un chat dans notre foyer, nous nous sentons moins vulnérables, moins exposés aux dangers potentiels du monde extérieur.

Nous savons que nous avons un allié, un protecteur discret mais efficace, toujours prêt à veiller sur nous et à nous alerter en cas de besoin. Et ce sentiment de sécurité, même s'il est en partie symbolique et projeté, n'en est pas moins précieux pour apaiser nos angoisses et nous permettre de relâcher un peu notre garde.

Ainsi, par leur seule présence à nos côtés, par leur compagnie discrète mais ô combien rassurante, les chats peuvent devenir de véritables alliés pour réduire notre stress et apaiser nos états anxieux.

Que ce soit en nous transmettant leur sérénité contagieuse, en nous offrant une écoute bienveillante et sans jugement, en nous aidant à instaurer des routines apaisantes ou en renforçant notre sentiment de sécurité, ils contribuent, à leur manière féline et subtile, à notre bien-être émotionnel au quotidien.

Alors, la prochaine fois que vous sentirez l'anxiété vous gagner, n'hésitez pas à vous tourner vers votre doux compagnon à quatre pattes. Laissez-vous imprégner de sa présence rassurante, ancrez-vous dans l'instant présent à ses côtés, et laissez la magie féline opérer.

Vous verrez, même les journées les plus stressantes et les plus angoissantes prendront une saveur différente avec un ronron apaisant comme bande-son.

Les mécanismes scientifiques derrière l'effet apaisant du chat

Derrière le pouvoir apaisant de nos compagnons félins se cachent en réalité de fascinants mécanismes biologiques et psychologiques. La science commence tout juste à percer les secrets de cette relation thérapeutique millénaire, mais les découvertes sont déjà prometteuses.

Plongeons ensemble dans les coulisses de cette magie féline, pour mieux comprendre comment la simple présence d'un chat peut avoir un impact si profond sur notre bien-être mental.

Le ronronnement, une vibration thérapeutique

Le ronronnement du chat est bien plus qu'un simple son apaisant. C'est une véritable vibration thérapeutique dont les effets sur notre organisme commencent à être dévoilés par la science. Les chercheurs ont découvert que les chats ronronnent à une fréquence comprise entre 25 et 150 Hertz, une plage de fréquences connue pour ses propriétés curatives.

En effet, les vibrations comprises dans cette fourchette favoriseraient la cicatrisation des tissus, la régénération des os et la réduction de la douleur et de l'inflammation. C'est comme si le chat possédait en lui une sorte de "remède vibratoire" naturel, qu'il nous transmet généreusement par son ronronnement apaisant.

Mais les bienfaits du ronronnement ne s'arrêtent pas là. Cette douce vibration agit aussi directement sur notre système nerveux, en stimulant la production de neurotransmetteurs associés au bien-être, comme la sérotonine et la dopamine. Simultanément, le ronronnement diminue le taux de cortisol, l'hormone du stress, nous aidant à nous détendre et à lâcher prise.

Ainsi, lorsque nous caressons un chat ronronnant, nous nous accordons sur sa fréquence apaisante, nous nous laissons envelopper par ses douces vibrations. Et sans même en avoir conscience, nous offrons à notre corps et à notre esprit une véritable séance de "ronronthérapie", un remède naturel et sans effets secondaires contre le stress et l'anxiété.

L'ocytocine, l'hormone de l'attachement et du bien-être

Mais le ronronnement n'est pas le seul atout thérapeutique de nos amis félins. La simple interaction tactile avec un chat, par les caresses et les câlins, déclenche dans notre organisme une véritable cascade de réactions biochimiques bénéfiques pour notre bien-être mental.

Au cœur de ces réactions se trouve l'ocytocine, surnommée "l'hormone de l'amour et de l'attachement". Cette substance, naturellement produite par notre cerveau lors des contacts affectueux, joue un rôle clé dans la création et le maintien du lien émotionnel, que ce soit entre une mère et son enfant, entre deux partenaires amoureux, ou entre un humain et son animal de compagnie.

Lorsque nous caressons un chat, lorsque nous échangeons avec lui des marques d'affection, notre taux d'ocytocine augmente significativement. Et cette hormone agit comme un véritable baume apaisant sur notre système nerveux : elle réduit le stress et l'anxiété, favorise la relaxation et le bien-être, renforce le sentiment de confiance et de sécurité.

Ainsi, chaque interaction positive avec notre chat, chaque moment de tendresse partagée, contribue à renforcer notre lien émotionnel mutuel, tout en nous apportant une dose précieuse de bien-être et d'apaisement.

C'est comme si, en construisant cette relation d'attachement avec notre compagnon félin, nous tissions aussi en nous un cocon de douceur et de réconfort, un refuge intérieur où puiser de la force et de la sérénité face aux aléas de l'existence.

Un ancrage dans le moment présent

Nos compagnons félins ont aussi beaucoup à nous apprendre sur l'art de vivre l'instant présent, une attitude qui s'avère très bénéfique pour notre équilibre mental. Les chats sont en effet des maîtres dans l'art de savourer chaque moment, de s'abandonner totalement à leurs sensations et à leurs envies du moment, sans se soucier du passé ou de l'avenir.

Quand un chat s'étire langoureusement au soleil, quand il se roule avec délice dans l'herbe fraîche, quand il s'absorbe dans une séance de toilettage minutieux, il est totalement présent à ce qu'il fait, entièrement connecté à ses sens et à son environnement immédiat.

Il ne rumine pas ses tracas de la veille, il n'anticipe pas avec angoisse les défis du lendemain. Cette capacité à s'ancrer dans le moment présent, à accueillir pleinement chaque expérience sans la juger, est une véritable leçon de pleine conscience que nos compagnons félins nous offrent au quotidien.

Et en observant attentivement leur manière d'être au monde, en nous imprégnant de leur attitude sereine et détachée, nous pouvons peu à peu apprendre à apaiser notre mental agité et à trouver en nous cette qualité de présence.

Car c'est souvent lorsque nous sommes pleinement présents, attentifs à ce que nous vivons dans l'instant, que nous parvenons à nous libérer du poids des ruminations anxieuses et des projections stressantes. En nous reconnectant à nos sens, en savourant la douceur d'une caresse, la chaleur d'un ronronnement, la beauté d'un regard félin, nous offrons à notre esprit une pause salvatrice, un espace de calme et de sérénité où se ressourcer.

Ainsi, la présence apaisante du chat ne se limite pas à ses effets biologiques sur notre organisme. Elle nous invite aussi, par l'exemple, à cultiver en nous cette qualité de présence attentive, cette capacité à nous ancrer dans l'instant et à accueillir chaque expérience avec sérénité. Une invitation à alléger notre mental, à nous délester du poids des angoisses pour goûter pleinement la douceur de chaque moment partagé.

Un compagnon rassurant et sans jugement

Enfin, la présence réconfortante du chat tient aussi à sa nature profondément rassurante et exempte de tout jugement. Contrairement aux relations humaines, souvent complexes et chargées d'attentes, le lien qui nous unit à notre compagnon félin est d'une simplicité et d'une pureté désarmantes.

Le chat nous accueille tels que nous sommes, sans rien exiger en retour, sans jamais nous juger sur nos actes ou nos paroles. Que nous soyons tristes ou joyeux, calmes ou agités, silencieux ou bavards, il nous accepte inconditionnellement, avec une bienveillance et une patience infinie.

Cette acceptation sans condition, ce regard aimant et dépourvu de critique, est un baume précieux pour notre estime de nous-mêmes, souvent mise à mal par les aléas de l'existence et les jugements d'autrui. En nous sentant ainsi accueillis et aimés pour ce que nous sommes, nous apprenons peu à peu à nous accepter nous-mêmes, à nous regarder avec plus de douceur et de compassion.

Le chat devient alors un véritable confident, un être à qui nous pouvons nous confier sans crainte, auprès de qui nous pouvons déposer nos peines et nos doutes sans peur d'être rejetés ou incompris. Sa présence rassurante, son écoute patiente et bienveillante, nous offrent un espace de sécurité émotionnelle où nous pouvons nous dévoiler en toute confiance.

Et ce sentiment de sécurité affective, cette certitude d'être acceptés et aimés inconditionnellement, est un puissant facteur d'apaisement pour notre psychisme. Il nous aide à relâcher peu à peu nos défenses, à nous détendre dans le lien à l'autre, à oser être pleinement nous-mêmes sans peur du rejet.

Ainsi, la présence rassurante et sans jugement du chat contribue, à sa manière, à panser nos blessures émotionnelles, à apaiser nos angoisses relationnelles et à renforcer notre sentiment de sécurité intérieure. Un compagnon de vie qui, par sa simple présence aimante, nous aide à apprivoiser nos fragilités et à nous épanouir sereinement.

En conclusion, les mécanismes scientifiques qui sous-tendent l'effet apaisant du chat sont multiples et fascinants. Du ronronnement thérapeutique à la sécrétion d'ocytocine, en passant par l'ancrage dans le moment présent et la présence rassurante d'un compagnon sans jugement, chaque facette de cette relation unique contribue à notre bien-être émotionnel.

Alors, la prochaine fois que vous caresserez votre doux compagnon félin, que vous vous laisserez bercer par son ronronnement apaisant, prenez le temps de savourer pleinement cet instant de grâce. Laissez-vous imprégner par sa sérénité contagieuse, abandonnez-vous à la douceur de cet échange complice.

Car dans ces moments de tendresse partagée se joue bien plus qu'une simple interaction affectueuse. C'est une véritable alchimie du bien-être qui opère, un remède naturel et puissant contre les maux de notre temps.

La magie d'une présence féline qui, ronronnement après ronronnement, nous aide à apaiser nos tempêtes intérieures et à retrouver en nous la quiétude et la douceur.

Chapitre 5 : Les bienfaits du ronronnement

Dans les chapitres précédents, nous avons exploré les méandres de l'anxiété et découvert comment la simple présence apaisante du chat peut nous aider à naviguer sur les flots tumultueux du stress. Nous avons vu que nos compagnons félins possèdent un don merveilleux pour nous transmettre leur sérénité contagieuse et nous envelopper de leur douceur réconfortante.

Mais saviez-vous que cette magie féline va bien au-delà de leur simple présence ? Que le ronronnement du chat recèle en lui-même de véritables trésors thérapeutiques ? Bienvenue dans le monde fascinant de la "ronronthérapie", où les vibrations apaisantes du ronronnement félin deviennent de précieux alliés pour notre bien-être.

Dans ce chapitre, nous allons plonger au cœur de ce phénomène extraordinaire et découvrir comment le ronronnement du chat peut agir comme un véritable baume pour notre corps et notre esprit. Nous explorerons les mécanismes scientifiques qui se cachent derrière ces vibrations magiques, et nous verrons comment en faire un usage thérapeutique au quotidien.

Alors, préparez-vous à ronronner de bonheur, car vous êtes sur le point de découvrir l'un des plus merveilleux secrets de nos amis les chats !

Le ronronnement, une vibration aux multiples vertus

Le ronronnement du chat est bien plus qu'un simple son apaisant. C'est une véritable merveille de la nature, une vibration unique aux multiples vertus thérapeutiques. Imaginez un instant : vous rentrez chez vous après une journée stressante, les épaules nouées par les tensions accumulées.

Votre chat vient à votre rencontre, se love sur vos genoux et commence à ronronner doucement. Peu à peu, vous sentez votre corps se détendre, votre esprit s'apaiser, comme si les vibrations apaisantes de ce ronronnement se diffusaient en vous, dissolvant vos angoisses et vos douleurs. Ce n'est pas une simple impression.

De nombreuses études scientifiques ont mis en lumière les bienfaits étonnants du ronronnement félin sur notre santé physique et mentale. Tout commence par les caractéristiques uniques de cette vibration. Le ronronnement du chat se situe dans une fréquence très particulière, entre 20 et 140 Hertz.

Or, il se trouve que cette plage de fréquences correspond exactement à celle utilisée en médecine pour stimuler la guérison des os, des tendons, des ligaments et des muscles. Ainsi, lorsque votre chat ronronne blotti contre vous, il vous offre littéralement une séance de "vibrations thérapeutiques" !

Les ondes apaisantes qu'il émet pénètrent doucement votre corps, favorisant la régénération cellulaire, réduisant les inflammations et accélérant la cicatrisation. C'est comme si votre félin était équipé d'un véritable "kit de premiers soins" intégré, qu'il partage généreusement avec vous à chaque ronronnement.

Mais les bienfaits du ronronnement ne s'arrêtent pas là. Cette vibration magique agit aussi directement sur notre système nerveux, en stimulant la production de neurotransmetteurs associés au bien-être, comme la sérotonine et la dopamine. Lorsque nous caressons un chat ronronnant, lorsque nous nous accordons sur sa fréquence apaisante, notre cerveau se met littéralement à baigner dans un bain d'hormones du bonheur !

Résultat : notre humeur s'améliore, notre stress diminue, notre anxiété s'apaise. Le ronronnement devient un véritable antidote naturel contre les tourments de l'âme, une mélodie douce et réconfortante qui nous aide à retrouver notre équilibre intérieur.

Certains scientifiques vont même jusqu'à suggérer que le ronronnement pourrait avoir un effet positif sur notre pression artérielle et réduire le risque de maladies cardiovasculaires ! Mais le ronronnement n'est pas seulement bénéfique pour nous, humains. Il joue aussi un rôle essentiel pour le chat lui-même.

Les vibrations qu'il émet l'aident à réguler sa respiration, à réduire son stress et même à soulager sa douleur. Lorsqu'un chat est blessé ou malade, il a souvent tendance à ronronner plus intensément, comme s'il s'auto-administrait une dose de "ronronthérapie" pour accélérer sa guérison.

Certains experts suggèrent même que le ronronnement pourrait être un mécanisme d'auto-réparation évolutif, permettant aux chats de stimuler la régénération de leurs tissus et de renforcer leur squelette. Ainsi, en ronronnant, nos compagnons félins ne font pas seulement vibrer nos cœurs : ils prennent aussi soin de leur propre santé, avec cette sagesse instinctive qui les caractérise.

Mais comment fonctionne concrètement cette "ronronthérapie" ? Comment pouvons-nous en faire un usage thérapeutique au quotidien ? La première étape est simplement de prendre le temps. Prendre le temps de s'arrêter, de s'asseoir confortablement avec son chat, de le caresser doucement et de se laisser bercer par son ronronnement apaisant.

C'est dans ces moments de connexion privilégiée, de présence attentive à l'instant, que la magie opère. Laissez-vous envelopper par les vibrations douces de votre félin, accordez votre respiration à la sienne, abandonnez-vous à cette bulle de douceur et de sérénité.

Même quelques minutes de "ronronthérapie" quotidienne peuvent faire une différence significative sur votre bien-être, en vous aidant à relâcher vos tensions, à apaiser votre mental et à vous reconnecter à vous-même. Vous pouvez aussi utiliser le ronronnement de manière plus ciblée, en fonction de vos besoins.

Si vous souffrez de douleurs articulaires ou musculaires, par exemple, vous pouvez inviter votre chat à venir ronronner directement sur la zone douloureuse. Ses vibrations apaisantes agiront comme un massage en profondeur, stimulant la circulation sanguine et favorisant la détente des tissus.

Si c'est votre esprit qui est en souffrance, si l'anxiété ou le stress vous rongent, blottissez-vous avec votre félin ronronnant dans un endroit calme et confortable. Fermez les yeux, focalisez votre attention sur les vibrations apaisantes, laissez-les vous bercer et vous réconforter.

Respirez profondément, visualisez les ondes de bien-être se diffuser dans tout votre corps, chassant les pensées négatives et les tensions accumulées. Vous pouvez même intégrer le ronronnement à votre pratique méditative ou à vos séances de relaxation.

Installez-vous confortablement, votre chat ronronnant sur les genoux ou blotti contre vous, et laissez ses vibrations vous guider vers un état de détente profonde. Focalisez votre attention sur le son apaisant, sur les sensations de chaleur et de douceur, et laissez-vous glisser dans un espace de calme intérieur.

Avec un peu de pratique, vous découvrirez que le ronronnement de votre chat peut devenir un véritable allié thérapeutique, un ancrage précieux dans les moments de tempête émotionnelle. Sa présence vibrante à vos côtés vous rappellera que vous n'êtes pas seul face à vos angoisses, que vous avez en vous les ressources nécessaires pour les apaiser et les transcender.

Bien sûr, la "ronronthérapie" ne remplace pas un suivi médical ou psychologique si vous souffrez de troubles anxieux sévères. Mais elle peut être un complément merveilleux, un soutien précieux au quotidien pour vous aider à cultiver plus de sérénité et de bien-être.

Alors, la prochaine fois que votre chat viendra ronronner sur vos genoux, prenez le temps de savourer pleinement ce moment de grâce. Laissez-vous envelopper par la magie de ses vibrations, ouvrez votre cœur à la douceur de cet échange complice.

Car dans ce ronronnement se cache un trésor inestimable : une invitation à ralentir, à vous détendre, à vous reconnecter à l'essentiel. Une mélodie douce et apaisante qui, ronron après ronron, vous aide à apprivoiser vos angoisses et à retrouver votre harmonie intérieure.

Alors, prêt à ronronner de bonheur et à découvrir les merveilles de la "ronronthérapie" ? Votre doux compagnon félin n'attend que vous, prêt à partager ses vibrations magiques pour enchanter votre quotidien. Laissez-vous guider par sa sagesse ronronnante, et savourez chaque instant de cette merveilleuse connexion thérapeutique.

Les multiples facettes de la ronronthérapie

La ronronthérapie ne se limite pas à la simple écoute passive des vibrations apaisantes de nos compagnons félins. C'est une véritable expérience multisensorielle, qui sollicite à la fois notre ouïe, notre toucher et notre vue, pour une immersion totale dans l'univers apaisant des chats.

Explorons ensemble les différentes facettes de cette thérapie douce et naturelle, pour en tirer le meilleur parti au quotidien.

Une mélodie apaisante pour nos oreilles

Le ronronnement du chat est avant tout une expérience auditive. Cette douce mélodie, avec ses basses fréquences si particulières, agit comme une véritable musique relaxante pour nos oreilles et notre cerveau.

En écoutant attentivement le ronronnement de notre compagnon félin, en nous laissant bercer par ses vibrations régulières, nous pouvons peu à peu sentir notre rythme cardiaque ralentir, notre respiration s'apaiser, nos muscles se détendre. C'est comme si le chat nous invitait, par sa propre sérénité, à ralentir le rythme effréné de nos pensées, à nous accorder sur sa fréquence apaisante.

Certains thérapeutes recommandent même d'enregistrer le ronronnement de son chat, pour pouvoir en profiter à tout moment de la journée, comme une véritable bande-son anti-stress. Il suffit alors de s'isoler quelques minutes, de fermer les yeux, et de se laisser transporter par cette douce mélodie féline, pour retrouver rapidement son calme intérieur.

Des vibrations réparatrices au creux de nos mains

Mais le ronronnement du chat ne se contente pas de chanter à nos oreilles. C'est aussi une expérience tactile, que nous pouvons ressentir au plus profond de notre corps. Lorsque nous caressons un chat ronronnant, lorsque nous le prenons sur nos genoux ou contre notre cœur, nous pouvons sentir les douces vibrations de son corps se propager au nôtre, comme une onde de bien-être qui se diffuse dans chacune de nos cellules.

Ce contact direct avec les vibrations félines aurait des vertus thérapeutiques encore plus puissantes que la simple écoute. En effet, les fréquences du ronronnement, comprises entre 20 et 140 Hz, correspondraient exactement à celles utilisées en médecine pour stimuler la guérison des os, des tendons et des muscles.

Ainsi, en caressant un chat ronronnant, nous offrons à notre corps une véritable séance de "vibrations réparatrices", qui peuvent aider à soulager les douleurs, réduire les inflammations et accélérer la cicatrisation. Certains thérapeutes recommandent même de placer un chat ronronnant directement sur une zone douloureuse ou traumatisée, pour en amplifier les effets bénéfiques.

Les personnes souffrant d'arthrose, de rhumatismes ou de problèmes de dos peuvent ainsi trouver un soulagement notable en laissant un chat ronronner sur leurs articulations endolories. Les vibrations félines agissent alors comme un véritable massage en profondeur, détendant les muscles, apaisant les inflammations et stimulant la régénération des tissus.

Un regard apaisant qui nous ancre dans l'instant présent

La ronronthérapie sollicite aussi notre sens de la vue, à travers le regard doux et apaisant de nos compagnons félins. Les yeux du chat, avec leurs pupilles verticales si particulières, ont quelque chose de fascinant et d'hypnotique.

Lorsque nous plongeons notre regard dans celui d'un chat ronronnant, nous avons l'impression de nous perdre dans un puits de sérénité, comme si le temps suspendait soudain son vol. Ce contact visuel privilégié avec notre félin est une invitation à nous ancrer dans l'instant présent, à lâcher prise sur nos préoccupations passées ou futures pour savourer pleinement la douceur de l'instant.

Le regard du chat, empreint de calme et de sagesse, semble nous dire : "Ralentis, respire, tout va bien. Laisse tes soucis de côté et profite de ce moment de paix partagée". Certains thérapeutes utilisent même le regard du chat comme un support de méditation ou de relaxation.

Il suffit de s'asseoir confortablement face à son félin, de plonger son regard dans le sien, et de se laisser guider par sa sérénité contagieuse. En se concentrant sur la douceur de cet échange visuel, en synchronisant sa respiration avec le rythme apaisant du ronronnement, on peut peu à peu sentir son esprit s'apaiser, ses tensions se relâcher, et goûter à un profond sentiment de plénitude.

Une présence rassurante et réconfortante

Au-delà de ses effets sensoriels, la ronronthérapie tire aussi sa force de la présence rassurante et réconfortante de nos compagnons félins. Le chat, par sa nature calme et posée, par sa capacité à vivre pleinement l'instant présent sans se soucier du passé ou de l'avenir, est un véritable modèle de sérénité et de détente.

Lorsque nous passons du temps avec un chat ronronnant, lorsque nous l'observons se prélasser au soleil, s'étirer langoureusement ou se rouler avec délice dans l'herbe fraîche, nous nous imprégnons malgré nous de sa tranquillité contagieuse. Sa simple présence à nos côtés, sa chaleur réconfortante contre notre peau, suffisent souvent à nous apaiser et à nous réconforter, sans même qu'il ait besoin de faire quoi que ce soit d'autre.

Cette présence féline rassurante est particulièrement précieuse pour les personnes souffrant d'anxiété, de stress chronique ou de solitude. Le chat devient alors un véritable compagnon thérapeutique, un confident silencieux toujours prêt à offrir réconfort et apaisement par sa seule présence bienveillante.

Certaines personnes témoignent même que leur chat semble percevoir instinctivement leurs moments de détresse émotionnelle, et vient spontanément se blottir contre elles pour les réconforter, ronronnant doucement jusqu'à ce que le chagrin s'apaise.

Une invitation à prendre soin de soi

Enfin, la ronronthérapie est aussi une merveilleuse invitation à prendre soin de nous-mêmes, en nous inspirant de la sagesse féline. Les chats sont des maîtres dans l'art du self-care, de l'attention bienveillante portée à leurs propres besoins.

Ils savent d'instinct quand il est temps de se reposer, de jouer, de manger ou de faire leur toilette, et ne se privent jamais de satisfaire ces besoins essentiels. En observant notre chat ronronnant, en nous imprégnant de sa routine sereine et équilibrée, nous pouvons peu à peu réapprendre à écouter nos propres besoins, à respecter nos rythmes naturels, à nous accorder chaque jour de doux moments rien que pour nous.

La ronronthérapie devient alors un rappel constant de cultiver notre bien-être, de nous offrir de vraies pauses ressourçantes au milieu du tumulte quotidien. Certains thérapeutes recommandent même de ritualiser cette pratique, en instaurant chaque jour un moment privilégié de ronronthérapie, où l'on se consacre entièrement à soi-même et à son chat.

Cela peut être le matin au réveil, pour démarrer la journée dans la douceur et la sérénité, ou le soir avant le coucher, pour évacuer le stress accumulé et se préparer à une nuit paisible. L'important est de se créer un petit cocon de douceur et de calme, où l'on puisse se ressourcer en toute tranquillité au son apaisant des ronronnements.

Ainsi, la ronronthérapie se révèle être bien plus qu'une simple technique de relaxation. C'est une véritable philosophie de vie, un art de cultiver la sérénité et le bien-être au contact de nos sages compagnons félins.

En nous ouvrant à toutes les facettes de cette expérience unique - auditive, tactile, visuelle et émotionnelle - nous pouvons peu à peu réapprendre à vivre l'instant présent, à nous accorder de vrais moments de pause et de douceur, à prendre soin de nous avec autant de bienveillance que nos chats en ont pour eux-mêmes.

Alors, la prochaine fois que votre félin ronronnera paisiblement sur vos genoux, prenez le temps de savourer pleinement ce moment de grâce. Laissez-vous envelopper par la douceur de ses vibrations, plongez votre regard dans le sien, imprégnez-vous de sa sérénité contagieuse.

Et rappelez-vous que vous avez, vous aussi, le droit de ronronner de bonheur et de prendre soin de vous, jour après jour, ronron après ronron.

Chapitre 6 : Câlins félins contre l'anxiété

Il est indéniable que les chats ont un effet apaisant sur les humains. Leur simple présence suffit souvent à nous réconforter et à nous détendre. Mais c'est surtout à travers le contact physique, les caresses et les câlins que cette connexion apaisante se révèle dans toute sa puissance.

Lorsque nous caressons un chat, lorsque nous le prenons dans nos bras ou sur nos genoux, nous créons un lien tactile et émotionnel unique, qui entraîne des répercussions profondes sur notre bien-être mental et physique. Ce lien particulier entre l'homme et le chat ne date pas d'hier.

Depuis des millénaires, les félins partagent notre quotidien, nous offrant leur présence rassurante et leur affection sans faille. Au fil du temps, une véritable complicité s'est tissée entre nos deux espèces, basée sur une communication subtile faite de regards, de ronronnements et de contacts physiques.

Les chats ont appris à décoder nos émotions, à percevoir notre détresse ou notre joie, et à y répondre par leur présence apaisante et leurs marques d'affection. Car contrairement à une idée reçue tenace, les chats sont loin d'être des créatures distantes et indifférentes. Certes, ils ont leur caractère bien trempé et leur indépendance légendaire.

Mais ils sont aussi capables d'une grande sensibilité et d'un attachement profond envers leurs compagnons humains. Lorsqu'un chat vient se frotter contre nos jambes, lorsqu'il se love sur nos genoux en ronronnant doucement, il ne cherche pas seulement à satisfaire ses propres besoins affectifs.

Il répond aussi intuitivement à notre besoin de réconfort et de douceur, nous offrant généreusement sa chaleur et sa présence rassurante. Cette connexion tactile entre l'homme et le chat n'est pas qu'une simple impression subjective. Elle a été étudiée et validée par de nombreuses recherches scientifiques, qui ont mis en lumière les multiples bienfaits des interactions physiques avec un félin sur notre santé mentale et émotionnelle.

Caresser un chat, le serrer contre soi, sentir la douceur de sa fourrure sous ses doigts, s'est avéré être un véritable remède naturel contre le stress, l'anxiété et même la dépression. En effet, le simple fait de passer sa main dans la fourrure soyeuse d'un chat déclenche dans notre organisme une cascade de réactions physiologiques bénéfiques.

Sous l'effet de ce contact apaisant, notre rythme cardiaque ralentit, notre tension artérielle diminue, nos muscles se détendent. Notre corps se met à produire des hormones du bien-être comme la sérotonine et l'ocytocine, tandis que le taux de cortisol, l'hormone du stress, chute significativement.

Cette réponse physiologique apaisante a été mesurée dans de nombreuses études. L'une d'entre elles, menée par des chercheurs de l'Université de l'État de New York, a ainsi suivi pendant plusieurs mois des patients souffrant d'hypertension artérielle et soumis à des situations stressantes.

Les résultats ont montré que ceux qui avaient l'habitude de caresser régulièrement un chat parvenaient à mieux réguler leur pression artérielle que ceux qui prenaient des médicaments anti-hypertenseurs. Caresser un chat s'est révélé être un moyen naturel et efficace de gérer son stress au quotidien et de préserver sa santé cardiovasculaire.

Mais les bienfaits des caresses félines ne se limitent pas à la sphère physique. Ils ont aussi un impact considérable sur notre équilibre émotionnel et notre bien-être mental. Pour les personnes souffrant d'anxiété, de troubles de l'humeur ou de solitude, la présence réconfortante d'un chat et la douceur de ses câlins peuvent faire toute la différence.

Le contact physique avec un félin agit comme un véritable baume apaisant sur les tensions intérieures, les angoisses et les idées noires. Lorsque nous caressons un chat, lorsque nous le sentons ronronner de plaisir sous nos doigts, nous nous sentons apaisés, réconfortés, moins seuls face à nos tourments.

Ce moment de tendresse partagée crée une bulle de douceur et de sérénité, un espace hors du temps où nos soucis semblent soudain moins pesants. Le ronronnement du chat, ses câlins rassurants, sa présence chaleureuse à nos côtés, tout cela contribue à apaiser notre mental, à nous ancrer dans l'instant présent et à nous recentrer sur l'essentiel.

Cette dimension émotionnelle du contact avec un chat est particulièrement précieuse pour les personnes traversant des périodes difficiles, comme un deuil, une rupture amoureuse, une perte d'emploi ou une maladie. Dans ces moments de vulnérabilité et de détresse, la présence aimante et sans jugement d'un félin peut être un véritable point d'ancrage, un repère rassurant dans la tempête.

Serrer un chat contre soi, sentir sa chaleur et entendre son ronronnement apaisant, c'est se sentir moins seul, moins perdu, plus entouré et soutenu. De nombreux témoignages de personnes ayant traversé des épreuves difficiles attestent de ce pouvoir réconfortant des chats.

Beaucoup racontent comment leur compagnon félin a su intuitivement détecter leur détresse et leur offrir le réconfort dont ils avaient besoin, par sa simple présence et ses marques d'affection. Certains évoquent même leur chat comme un véritable "ange gardien", une présence bienveillante et apaisante qui les a aidés à tenir bon dans les moments les plus sombres.

Cette capacité des chats à nous réconforter et à nous apaiser par le contact physique est si puissante qu'elle est de plus en plus utilisée dans un cadre thérapeutique. La ronronthérapie, ou thérapie assistée par le chat, connaît un essor considérable ces dernières années.

De plus en plus d'établissements de santé, de maisons de retraite ou de centres spécialisés font appel à des chats "thérapeutes" pour apporter du réconfort et de la douceur aux patients ou aux résidents. Ces chats soigneusement sélectionnés et entraînés sont introduits auprès de personnes souffrant de troubles anxieux, de dépression, de maladies chroniques ou de handicaps.

Leur simple présence, leurs câlins et leurs ronronnements apaisants ont des effets bénéfiques extraordinaires sur le moral et le bien-être des patients. Ils leur apportent un sentiment de joie, de détente et de connexion, les aidant à mieux gérer leur stress, leur douleur ou leur sentiment d'isolement.

Des études ont montré que les patients bénéficiant de séances régulières de ronronthérapie présentaient une amélioration significative de leur humeur, une diminution de leur anxiété et une meilleure qualité de vie globale. Le contact apaisant avec un chat leur permet de se détendre, de se sentir plus sereins et plus confiants, et de trouver un réconfort précieux face à leurs difficultés.

Pour certains, ces moments de tendresse féline sont devenus un véritable point lumineux dans leur quotidien, une parenthèse de douceur et de bien-être inestimable. Mais la ronronthérapie n'est pas réservée au cadre médical ou paramédical. Chacun d'entre nous peut en bénéficier au quotidien, simplement en partageant des moments de câlins et de complicité avec son chat.

Que l'on soit stressé par le travail, anxieux pour l'avenir ou simplement en quête de réconfort, les caresses et la présence apaisante d'un félin peuvent faire des merveilles pour notre équilibre émotionnel. Il suffit parfois de prendre quelques minutes pour s'asseoir confortablement avec son chat, le caresser doucement et se laisser bercer par son ronronnement apaisant.

Ces moments de connexion privilégiés, où l'on se synchronise sur le rythme paisible de son compagnon à quatre pattes, sont comme une invitation à ralentir, à lâcher prise sur nos tensions et à savourer l'instant présent. Progressivement, on sent le stress refluer, les pensées négatives s'éloigner, remplacées par un sentiment de calme et de sérénité.

Bien sûr, pour bénéficier pleinement de ce pouvoir apaisant des câlins félins, il est important de respecter les besoins et les préférences de son chat. Chaque félin est unique, avec sa propre personnalité et ses propres limites en matière de contact physique.

Certains adorent les longues séances de caresses et de papouilles, tandis que d'autres apprécient des interactions plus brèves et plus espacées. L'essentiel est d'être à l'écoute de son chat, de respecter ses signaux et de ne jamais le forcer à interagir s'il n'en a pas envie.

Car la relation homme-chat est avant tout une relation de confiance et de respect mutuel. C'est parce que le chat se sent en sécurité, compris et respecté dans ses besoins qu'il peut s'abandonner en toute confiance à ces moments de tendresse apaisante. Et c'est parce que nous respectons sa nature et ses limites que nous pouvons bénéficier pleinement de son affection et de son pouvoir apaisant au quotidien.

Alors, la prochaine fois que vous vous sentirez stressé, anxieux ou simplement en manque de réconfort, n'hésitez pas à vous tourner vers votre doux compagnon félin. Offrez-lui de tendres caresses, laissez-vous bercer par son ronronnement apaisant, savourez la douceur de ce moment de complicité partagée.

Et laissez la magie des câlins félins opérer, vous apportant détente, réconfort et bien-être au cœur même des tumultes du quotidien.

Les bienfaits du contact physique avec un chat

Au-delà de la simple présence apaisante du chat, c'est surtout à travers les interactions tactiles, les caresses et les câlins que se révèle toute la puissance de son effet apaisant sur notre bien-être émotionnel. Le contact physique avec un félin est une expérience sensorielle unique, qui sollicite à la fois notre sens du toucher, notre système nerveux et nos émotions les plus profondes.

Lorsque nous caressons un chat, lorsque nous le prenons dans nos bras ou sur nos genoux, nous créons une connexion directe et intime avec lui. Ce lien tactile entraîne des répercussions physiologiques et psychologiques profondes sur notre organisme.

Sous l'effet de ce contact doux et chaleureux, notre corps se met à produire tout un cocktail d'hormones du bien-être, qui nous procurent une sensation immédiate de détente et d'apaisement. La sérotonine, l'ocytocine et les endorphines, ces précieuses molécules du bonheur, se déversent dans notre système à chaque caresse, à chaque étreinte féline. Parallèlement, le taux de cortisol, l'hormone du stress, chute significativement.

Notre rythme cardiaque ralentit, notre tension artérielle diminue, nos muscles se relâchent. Tout notre être semble se synchroniser sur la douceur et la sérénité qui émanent de ce contact privilégié avec notre compagnon à quatre pattes. Mais les bienfaits des câlins félins ne se limitent pas à ces réactions physiologiques.

Ils agissent aussi directement sur notre équilibre émotionnel et notre santé mentale. Pour les personnes souffrant d'anxiété, de solitude ou de dépression, pouvoir serrer un chat contre soi, sentir sa chaleur et entendre son ronronnement apaisant peut faire toute la différence.

Ce contact physique réconfortant crée une bulle de douceur et de sécurité affective, un cocon de tendresse dans lequel on peut se réfugier lorsque le monde extérieur devient trop dur à affronter. Câliner son chat, c'est comme recevoir une dose concentrée d'amour et de réconfort, sans aucun jugement ni condition.

C'est se sentir accepté, aimé et soutenu, même dans nos moments de vulnérabilité. Les mains enfouies dans une douce fourrure, le visage enfoui dans un petit cou ronronnant, on se sent moins seul, moins perdu, plus ancré dans le moment présent. Les soucis et les pensées négatives semblent s'éloigner, remplacés par un sentiment de plénitude et de connexion profonde.

Cette dimension affective et émotionnelle du contact avec un chat est particulièrement précieuse pour les personnes traversant des périodes difficiles, comme un deuil, une rupture amoureuse, une perte d'emploi ou une maladie. Dans ces moments de détresse et de fragilité, pouvoir compter sur la présence aimante et les câlins réconfortants d'un félin peut être un véritable point d'ancrage, une bouée de sauvetage émotionnel.

De nombreux témoignages attestent de ce pouvoir apaisant des chats dans les moments de crise. Beaucoup racontent comment leur compagnon à quatre pattes a su intuitivement détecter leur souffrance et leur offrir exactement le réconfort dont ils avaient besoin, par sa simple présence chaleureuse et ses marques d'affection.

Certains évoquent même leur chat comme un véritable "ange gardien", une présence bienveillante et rassurante qui les a aidés à tenir bon dans la tempête. Mais les vertus thérapeutiques des câlins félins ne se limitent pas à la sphère émotionnelle. Elles ont aussi un impact direct sur notre santé physique.

Des études ont montré que caresser régulièrement un chat pouvait contribuer à réduire le risque de maladies cardio-vasculaires, en abaissant la pression artérielle et en régulant le rythme cardiaque. Le contact tactile avec un félin stimulerait aussi le système immunitaire, nous rendant plus résistants face aux infections et aux maladies.

Certains chercheurs suggèrent même que les ronronnements du chat, lorsqu'ils sont perçus de près, auraient un effet curatif sur notre organisme. Les vibrations émises lors du ronronnement se situeraient dans une fréquence particulière, entre 25 et 150 Hz, connue pour favoriser la guérison des os, des tendons et des muscles.

Ainsi, en serrant un chat ronronnant contre soi, on bénéficierait littéralement d'une "ronronthérapie" naturelle, qui aiderait notre corps à se réparer et à se régénérer. Mais pour profiter pleinement de tous ces bienfaits, encore faut-il respecter les besoins et les préférences de notre compagnon félin.

Car les chats, bien qu'ils soient de grands amateurs de câlins, ont aussi leurs limites et leurs zones de confort en matière de contact physique. Certains adorent les longues séances de papouilles et de gratouilles, tandis que d'autres préfèrent des interactions plus brèves et plus espacées.

Il est important d'être à l'écoute de son chat, d'apprendre à décoder son langage corporel pour savoir quand il est réceptif aux câlins et quand il a besoin d'espace. Les oreilles dressées, la queue relevée, les yeux mi-clos et les ronronnements sont autant de signes qu'un chat apprécie le contact et en redemande.

A l'inverse, des oreilles plaquées en arrière, une queue qui fouette l'air, des pupilles dilatées ou des grognements sont des indicateurs qu'il est temps de le laisser tranquille. Respecter les limites de son chat, ne jamais le forcer à interagir s'il n'en a pas envie, c'est la clé pour construire une relation de confiance et de complicité, propice aux câlins et aux moments de tendresse partagée.

C'est en se sentant en sécurité, compris et respecté que le chat pourra pleinement s'abandonner à ces instants de douceur et nous en faire profiter en retour. Car n'oublions pas que pour le chat aussi, le contact physique avec son humain préféré est source de bien-être et d'apaisement.

Lorsqu'il se love sur nos genoux en ronronnant, lorsqu'il vient quémander des caresses en se frottant contre nos jambes, ce n'est pas seulement pour satisfaire ses propres besoins affectifs. C'est aussi sa façon à lui de nous témoigner son attachement, sa confiance et son désir de partager un moment privilégié avec nous.

En nous ouvrant à cette relation tactile et affective avec notre chat, en prenant le temps chaque jour d'échanger des câlins et des marques de tendresse, nous tissons un lien unique et précieux. Un lien fait de complicité, de douceur et de soutien mutuel, qui nous aide à traverser les aléas de l'existence avec plus de sérénité et de résilience.

Alors, la prochaine fois que votre boule de poils viendra se blottir contre vous en ronronnant, prenez le temps de savourer pleinement cet instant de grâce. Laissez la douceur de sa fourrure et la chaleur de son petit corps apaiser vos tensions, réconforter votre cœur et vous rappeler que vous n'êtes pas seul.

Fermez les yeux, respirez profondément, et laissez la magie des câlins félins opérer. Et si les soucis et les pensées anxieuses reviennent vous assaillir, réfugiez-vous à nouveau dans cette bulle de tendresse et de sérénité que vous offre votre chat. Avec patience et bienveillance, câlin après câlin, ronron après ronron, il vous aidera à apprivoiser vos angoisses et à retrouver votre équilibre intérieur.

Car c'est aussi ça, la beauté de notre relation avec ces merveilleux compagnons à quatre pattes : une présence aimante et rassurante, toujours disponible pour nous réconforter et nous apaiser, au creux de leurs douces pattes de velours.

Chapitre 7 : Le langage corporel du chat

Dans les chapitres précédents, nous avons exploré les multiples facettes de l'anxiété chez l'être humain et comment la présence réconfortante d'un chat peut contribuer à l'apaiser. Nous avons vu que la simple compagnie de ces félins, leur ronronnement apaisant et les câlins qu'ils prodiguent ont un impact significatif sur notre bien-être émotionnel.

Mais pour profiter pleinement de ce soutien félin, encore faut-il être capable de décoder les signaux subtils que nous envoie notre compagnon à quatre pattes. Car les chats, bien qu'ils soient souvent considérés comme des animaux mystérieux et insaisissables, possèdent en réalité un langage corporel d'une grande richesse.

Chacune de leurs expressions faciales, chacune de leurs postures est porteuse de sens, reflétant leurs émotions, leurs intentions et leur état d'esprit du moment. Apprendre à décrypter ces signaux non-verbaux, c'est se donner les moyens de mieux comprendre son chat, de répondre à ses besoins affectifs et de renforcer le lien qui nous unit à lui.

Dans ce chapitre, nous allons nous pencher plus particulièrement sur les expressions et les attitudes qui traduisent un état de bien-être, de détente et de réconfort chez le chat. Ces signaux apaisants, lorsqu'ils nous sont adressés, sont autant de messages de soutien et de tendresse que nous envoie notre petit compagnon.

Savoir les repérer et les accueillir, c'est permettre à cette relation thérapeutique si particulière de s'épanouir pleinement. Commençons par les expressions faciales, qui sont souvent les plus parlantes et les plus faciles à interpréter pour l'œil humain.

Un chat détendu et heureux aura généralement un regard doux et apaisé, les paupières mi-closes et les pupilles en forme de fente. C'est ce qu'on appelle communément le "regard de chat bienheureux", celui qui semble sourire de contentement en nous regardant.

Ce regard s'accompagne souvent d'un autre signe de grande sérénité : le clignement lent des yeux, aussi appelé "cat kiss" ou "baiser de chat". Lorsque votre félin cligne lentement des yeux en vous regardant, c'est sa façon de vous envoyer un message d'amour et de confiance.

C'est un peu comme s'il vous disait : "Je suis parfaitement détendu en ta présence, je me sens en sécurité avec toi". En réponse, vous pouvez d'ailleurs lui renvoyer ce "baiser" en clignant vous aussi lentement des yeux. C'est un code affectif que partagent les chats entre eux et qu'ils sont ravis de partager avec leur humain préféré.

Autre signe facial de contentement : la bouche légèrement entrouverte, avec parfois même la pointe de la langue qui dépasse. C'est souvent l'expression que prend un chat qui ronronne de plaisir, totalement abandonné aux délices d'une séance de caresses ou de brossage.

Ses moustaches sont alors détendues, pointant mollement vers l'avant ou sur les côtés, autre indice de son état de relaxation. Les oreilles aussi ont leur langage. Chez un chat apaisé, elles sont généralement dressées et pointées vers l'avant, signe qu'il est attentif à son environnement mais sans être sur le qui-vive.

Des oreilles légèrement pivotées sur les côtés, voire un peu affaissées, traduisent un état de détente encore plus profond. A l'inverse, des oreilles plaquées en arrière ou agitées de tics nerveux doivent vous alerter : votre chat est stressé, irrité ou apeuré. Mais le visage n'est pas le seul à parler.

Tout le corps du chat exprime ses émotions et son niveau de bien-être. Une posture détendue, avec le corps allongé et les pattes étirées, est signe que votre chat se sent parfaitement à son aise. S'il est roulé en boule, c'est encore mieux : c'est la position de détente par excellence, celle qui lui rappelle la douce quiétude de sa petite enfance, lové contre sa mère et ses frères et sœurs.

Un chat qui expose son ventre en votre présence vous offre un véritable cadeau. C'est une marque de confiance absolue, car cette partie de son anatomie est la plus vulnérable. En vous la dévoilant, votre chat vous signifie qu'il se sent parfaitement en sécurité avec vous.

Attention cependant à ne pas trahir cette confiance en lui caressant le ventre sans y être explicitement invité. Beaucoup de chats n'apprécient guère qu'on touche cette zone sensible et pourraient réagir vivement. La queue, enfin, est un véritable baromètre des émotions félines.

Une queue dressée bien haut, voire frétillante, vous indique un chat joyeux et amical, ravi de vous voir. Une queue enroulée nonchalamment autour du corps, voire cachant à demi son museau, appartient à un chat parfaitement serein, peut-être même sur le point de s'endormir.

A l'inverse, une queue qui fouette l'air avec vigueur ou qui bat le sol avec agacement est un signal d'alerte : votre chat est contrarié, stressé ou en colère. Apprendre à repérer et à interpréter tous ces signaux corporels demande de l'observation, de la patience et une bonne dose d'empathie.

Chaque chat est unique et aura sa propre façon de s'exprimer, avec des nuances subtiles qui vous deviendront de plus en plus familières au fil du temps. Plus vous serez attentif au langage corporel de votre compagnon félin, plus votre relation s'approfondira et s'harmonisera.

Et dans les moments où l'anxiété vous submerge, où le stress et les pensées négatives vous assaillent, vous saurez reconnaître dans le regard doux de votre chat, dans ses clignements complices et ses postures abandonnées, autant de petits messages de réconfort et de soutien.

Votre félin vous rappellera, à sa façon, que vous n'êtes pas seul face à vos angoisses, qu'il est là, présence aimante et rassurante, pour vous aider à les traverser. Alors, la prochaine fois que votre chat viendra se lover contre vous en ronronnant, prenez le temps de l'observer vraiment.

Plongez votre regard dans ses yeux mi-clos, guettez sa queue enroulée de contentement, laissez-vous apaiser par la sérénité qui émane de tout son être. Et dites-vous que c'est sa façon à lui de vous murmurer à l'oreille : "Tout va bien, je suis là, avec toi, contre tes angoisses et tes chagrins. Ensemble, ronron après ronron, nous allons les apprivoiser".

Décoder les signaux de réconfort du chat à travers ses miaulements et ses ronronnements

Au-delà de son langage corporel si riche et expressif, le chat communique également ses émotions et ses besoins à travers ses vocalisations. Miaulements et ronronnements sont autant de messages sonores que notre félin nous adresse pour exprimer son bien-être, réclamer notre attention ou nous signaler son inconfort.

Apprendre à décrypter ces signaux vocaux, c'est se donner les moyens de mieux comprendre notre compagnon à quatre pattes et de répondre à ses besoins affectifs. Commençons par les miaulements, qui sont sans doute les vocalisations les plus familières et les plus variées du chat.

Contrairement à une idée reçue, le chat ne miaule pas seulement pour réclamer à manger. Ses miaulements peuvent avoir de multiples significations, selon leur tonalité, leur intensité et leur contexte. Un miaulement court et aigu, par exemple, est souvent un simple salut, une façon pour le chat de nous accueillir ou d'attirer notre attention.

C'est un peu comme s'il nous disait "Hé, tu es là, je suis content de te voir !". Un miaulement plus long et plus insistant, en revanche, est généralement une demande plus pressante. Cela peut être une façon pour le chat de réclamer sa gamelle, mais aussi de nous inviter à jouer avec lui, à lui ouvrir une porte ou simplement à lui accorder des câlins.

C'est un appel à l'interaction, une manière de nous signifier qu'il a besoin de notre présence et de notre attention. Il existe aussi des miaulements plus plaintifs, presque gémissants, qui peuvent exprimer un inconfort, une douleur ou un stress. Si votre chat miaule de façon inhabituelle, avec une voix rauque ou éraillée, cela peut être le signe d'un problème de santé.

Dans ce cas, il est important de consulter un vétérinaire pour écarter toute pathologie sous-jacente. Mais les miaulements ne sont pas les seules vocalisations porteuses de sens chez le chat. Les ronronnements, ces doux sons vibrants si caractéristiques, sont également riches de significations.

Contrairement à ce que l'on pourrait croire, le ronronnement n'est pas toujours synonyme de bien-être et de contentement chez le chat. S'il est vrai qu'un chat détendu et heureux ronronne souvent de plaisir, notamment lorsqu'il est cajolé ou qu'il se prélasse au soleil, le ronronnement peut aussi être un mécanisme d'auto-apaisement en cas de stress ou de douleur.

Des études ont montré que la fréquence des ronronnements, située entre 25 et 150 Hz, aurait des vertus thérapeutiques pour le chat lui-même. En ronronnant, il stimulerait la guérison de ses os et de ses tissus, réduirait son stress et renforcerait son système immunitaire.

Ainsi, un chat blessé, malade ou anxieux peut se mettre à ronronner intensément, comme pour activer ses propres capacités de guérison et de réconfort. Mais le ronronnement est aussi un puissant vecteur de communication et d'attachement entre le chat et son humain.

Lorsqu'un chat vient se lover contre nous en ronronnant, c'est sa façon de nous dire qu'il se sent bien avec nous, qu'il nous fait confiance et qu'il apprécie notre compagnie. C'est un son apaisant, presque hypnotique, qui a le pouvoir de nous détendre et de nous réconforter nous aussi.

Combien de fois avons-nous trouvé du réconfort dans les ronrons apaisants de notre chat blotti contre nous, dans les moments de tristesse ou d'anxiété ? Il existe d'ailleurs un ronronnement très particulier, que les spécialistes appellent le "ronronnement de sollicitation".

C'est un son plus aigu et plus insistant que le ronronnement habituel, souvent ponctué de miaulements discrets. Les chats l'utilisent spécifiquement pour attirer l'attention de leur humain et lui réclamer quelque chose, comme des câlins, des jeux ou de la nourriture.

C'est un peu leur façon de nous amadouer, de nous attendrir pour obtenir ce qu'ils veulent. Et force est de constater que cela fonctionne souvent ! Mais pour bien interpréter les vocalisations de notre chat, il est important de les remettre dans leur contexte et de les associer à son langage corporel.

Un chat qui miaule en se frottant contre nos jambes, la queue dressée en point d'interrogation, exprime probablement son affection et sa joie de nous retrouver. Un chat qui ronronne tout en pétrissant une couverture de ses pattes avant est sans doute en plein extase de bien-être.

À l'inverse, un chat qui feule ou qui grogne sourdement, le poil hérissé et les oreilles plaquées en arrière, nous signale clairement son mécontentement ou sa peur. Apprendre à décoder ces signaux sonores et à les mettre en lien avec le langage corporel de notre chat demande de l'observation, de la patience et une bonne dose d'empathie.

Chaque chat a sa propre façon de s'exprimer, avec des nuances subtiles qui nous deviennent familières au fil du temps passé ensemble. Plus nous sommes attentifs aux messages de notre félin, plus notre relation s'approfondit et s'harmonise.

Et dans les moments où l'anxiété nous submerge, où le stress et les pensées négatives nous assaillent, les vocalisations réconfortantes de notre chat peuvent être un véritable baume au cœur.

Ses miaulements tendres, ses ronronnements apaisants sont autant de petits messages de soutien et de réconfort qu'il nous adresse à sa façon. C'est sa manière à lui de nous dire : "Je suis là, avec toi, tout va bien.

Laisse mes ronrons apaiser ton cœur et chasser tes tourments." Alors, la prochaine fois que votre chat viendra miauler à vos pieds ou se blottir contre vous en ronronnant, prenez le temps de l'écouter vraiment.

Laissez-vous bercer par la douceur de ses ronrons, répondez à ses appels de tendresse, savourez cette complicité si particulière qui vous unit. Et dites-vous que dans son langage à lui, il est en train de vous murmurer des mots d'amour et de réconfort, ronron après ronron, pour vous aider à apaiser vos angoisses.

Car c'est aussi cela, la magie des chats : leur capacité à nous transmettre, à travers leurs vocalisations si douces et si apaisantes, toute leur affection et leur soutien inconditionnel.

Dans les moments de tempête intérieure, leurs miaulements et leurs ronronnements sont comme des phares dans la nuit, des rappels constants que nous ne sommes pas seuls, que nous sommes aimés et épaulés, même quand tout semble sombre en nous.

Alors, apprenons à tendre l'oreille et à ouvrir notre cœur aux précieux messages de réconfort de nos compagnons félins. Laissons leurs douces vocalisations nous envelopper, nous apaiser, nous rappeler que la vie peut être douce et légère, malgré les tourments. Ronron après ronron, miaulement après miaulement, nos petits thérapeutes à quatre pattes nous guident avec tendresse sur le chemin de la sérénité retrouvée.

Chapitre 8 : Jouer avec son chat pour évacuer le stress

Dans les chapitres précédents, nous avons exploré les multiples facettes de l'anxiété et découvert comment la présence apaisante d'un chat, ses ronronnements réconfortants et ses câlins affectueux peuvent nous aider à apaiser nos angoisses. Nous avons appris à décoder son langage corporel pour mieux répondre à ses besoins et créer une relation de complicité et de confiance.

Mais il est un aspect de cette relation qui mérite une attention toute particulière : le jeu. Car jouer avec son chat, c'est bien plus qu'un simple passe-temps amusant. C'est un véritable élixir de bonheur, une source inépuisable de joie et de bien-être partagés.

Lorsque nous nous adonnons à une partie de jeu endiablée avec notre boule de poils préférée, nous ne faisons pas que renforcer nos liens et notre complicité. Nous offrons aussi à notre corps et à notre esprit une véritable bouffée d'oxygène, un moment de pur plaisir qui nous aide à évacuer le stress et à stimuler notre production de dopamine, l'hormone du bonheur.

Mais pourquoi le jeu est-il si bénéfique pour notre bien-être mental et émotionnel ? Et comment en faire un allié précieux dans notre quête d'apaisement et de sérénité ? C'est ce que nous allons explorer en détail dans ce chapitre, en nous penchant sur les mécanismes fascinants qui se cachent derrière cette activité en apparence si simple et si naturelle.

Tout d'abord, il est important de comprendre que le jeu n'est pas qu'une frivolité ou un luxe réservé aux chatons. C'est un besoin fondamental, inscrit dans les gènes de nos compagnons félins depuis des millénaires. Dans la nature, le jeu est un outil d'apprentissage essentiel pour les jeunes chats, qui leur permet de développer leurs aptitudes physiques, cognitives et sociales.

En jouant à chasser, à bondir, à se cacher, ils acquièrent les compétences nécessaires à leur survie et à leur épanouissement. Mais même à l'âge adulte, les chats conservent cet instinct du jeu profondément ancré en eux. Et pour cause : le jeu est un formidable exutoire pour leur énergie débordante, un moyen de satisfaire leurs instincts de prédateurs tout en s'amusant.

Lorsqu'un chat joue, il laisse libre cours à sa nature profonde, à ses pulsions les plus authentiques. Il s'abandonne totalement à l'instant présent, focalisé sur sa proie fictive, oublieux de tout le reste. Et c'est précisément cette capacité à s'immerger pleinement dans le jeu qui fait tout son pouvoir apaisant et libérateur.

Car en jouant avec notre chat, nous aussi, nous apprenons à lâcher prise, à nous ancrer dans l'ici et maintenant. L'espace d'un instant, nous mettons entre parenthèses nos soucis, nos angoisses, nos ruminations. Plus de place pour les pensées négatives ou les scénarios catastrophes.

Notre esprit est entièrement absorbé par cette activité ludique et joyeuse, focalisé sur les mouvements gracieux de notre chat, sur sa malice espiègle, sur le plaisir partagé. C'est comme une méditation en mouvement, une pleine conscience jouée à quatre pattes.

En nous connectant ainsi à notre chat dans le jeu, nous nous reconnectons aussi à notre propre nature profonde, à notre part d'insouciance et de légèreté. Nous retrouvons, le temps d'une partie de chat perché ou de course-poursuite, notre âme d'enfant, cet état d'esprit joueur et créatif qui ne demande qu'à s'exprimer.

Et les bienfaits de cette reconnexion à notre nature joueuse sont immenses pour notre bien-être mental et émotionnel. Car le jeu, c'est l'antidote par excellence au stress et à l'anxiété. Lorsque nous jouons, notre corps se met à produire tout un cocktail d'hormones du bonheur, à commencer par la fameuse dopamine.

Cette substance merveilleuse, véritable carburant de notre circuit de la récompense, nous procure une sensation immédiate de plaisir et de satisfaction. Chaque fois que nous attrapons un jouet au vol, que nous faisons virevolter une plume pour le plus grand bonheur de notre chat, que nous partageons un moment de complicité ludique avec lui, notre cerveau libère une petite dose de dopamine.

Et plus nous jouons, plus cette hormone s'accumule, nous plongeant dans un état de bien-être et d'euphorie durable. Mais la dopamine n'est pas la seule à entrer en scène lors de nos parties de jeu félines. D'autres substances, comme les endorphines et la sérotonine, sont également libérées en cascade.

Les endorphines, véritables morphines naturelles produites par notre corps, nous aident à diminuer notre perception de la douleur et à nous sentir plus détendus et apaisés. La sérotonine, quant à elle, joue un rôle clé dans la régulation de notre humeur et de notre sommeil.

En stimulant sa production par le jeu, nous favorisons un état d'esprit positif et équilibré, et nous luttons activement contre les symptômes de l'anxiété et de la dépression. Mais les bienfaits du jeu avec notre chat ne s'arrêtent pas là. Au-delà de son impact sur notre chimie cérébrale, cette activité est aussi un formidable outil pour renforcer notre lien émotionnel avec notre compagnon félin.

Car le jeu est le langage universel de l'affection et de la complicité. Lorsque nous jouons avec notre chat, nous lui signifions notre amour, notre désir de partager avec lui des moments privilégiés. Nous créons un espace de confiance et de connivence, où chacun peut exprimer librement sa personnalité et ses préférences.

En observant notre chat jouer, en nous adaptant à son rythme et à ses goûts, nous apprenons à mieux le connaître, à décoder ses signaux subtils. Et en retour, notre chat nous offre le cadeau de sa présence joyeuse, de son affection sans faille, de sa confiance absolue.

Jouer ensemble, c'est tisser jour après jour les fils invisibles de notre attachement mutuel, c'est nourrir cette relation unique qui nous unit à notre félin. Et plus cette relation est forte et harmonieuse, plus elle devient un rempart puissant contre l'anxiété et le stress.

Car savoir que nous pouvons compter sur l'amour inconditionnel et la présence rassurante de notre chat est un trésor inestimable pour notre équilibre émotionnel. Mais comment, concrètement, mettre en place ces précieux moments de jeu avec notre boule de poils ?

Par où commencer, quels accessoires choisir, quelles précautions prendre ? C'est ce que nous allons voir en détail dans la suite de ce chapitre. Car s'il est vrai que le jeu est une activité naturelle et spontanée pour nos chats, il existe de nombreuses façons de l'enrichir, de le varier et de l'adapter à chaque personnalité féline.

La clé, c'est d'être à l'écoute de notre chat, d'observer ses préférences et ses signaux. Certains félins adorent les jeux de poursuite et de chasse, d'autres préfèrent les jeux plus calmes et plus cérébraux. Certains sont de véritables acrobates qui adorent bondir et escalader, d'autres sont plus sédentaires et apprécient les jeux à leur rythme.

L'essentiel est de respecter la nature et les besoins de notre compagnon, sans jamais rien lui imposer. Il existe une multitude d'accessoires pour stimuler l'instinct joueur de nos chats, des plus simples aux plus sophistiqués. Les classiques souris en peluche, les balles à grelots, les plumets, les pointeurs laser, les circuits de jeu interactifs...

Autant de trésors à découvrir pour le plus grand bonheur de nos félins. Mais parfois, les meilleurs jouets sont ceux que nous fabriquons nous-mêmes avec des objets du quotidien : une simple ficelle, une boîte en carton, une boulette de papier peuvent se transformer en source d'amusement infini pour un chat joueur.

L'important, c'est de varier les plaisirs, d'alterner les types de jeux pour maintenir l'intérêt et la curiosité de notre compagnon. Et surtout, de nous impliquer pleinement dans ces moments de partage. Car le jeu avec notre chat n'est pas qu'une activité à sens unique.

C'est un échange, un dialogue ludique où chacun apporte sa contribution. En jouant avec notre félin, nous lui offrons notre temps, notre attention, notre créativité. Nous devenons tour à tour complice, partenaire, adversaire malicieux. Et en retour, notre chat nous offre son enthousiasme contagieux, sa joie de vivre communicative, son amour inconditionnel.

Ensemble, nous créons un espace de liberté et de légèreté où l'anxiété n'a plus sa place, où seul compte le plaisir d'être ensemble, connectés dans l'instant. Alors, la prochaine fois que votre chat viendra quémander une partie de jeu, n'hésitez pas une seconde.

Laissez de côté vos soucis et vos tracas, et plongez avec lui dans cet univers merveilleux de complicité et de rires. Laissez la magie du jeu opérer, et savourez chaque seconde de ce bonheur partagé. Car c'est dans ces moments précieux que se tissent les liens les plus forts et les plus purs avec votre boule de poils.

Et c'est aussi dans ces instants de jeu que vous apprendrez, jour après jour, à apprivoiser votre anxiété et à cultiver votre bien-être émotionnel. Chaque partie de chat perché, chaque course-poursuite effrénée sera comme une petite victoire sur vos angoisses, un pas de plus vers la sérénité.

Avec votre fidèle compagnon à vos côtés, prêt à jouer et à ronronner de bonheur, vous avez toutes les clés en main pour transformer votre quotidien en terrain de jeu géant. Alors, qu'attendez-vous ? Sortez les balles à grelots, déployez les circuits de jeu, et laissez libre cours à votre imagination.

Votre chat n'attend que vous pour partager ces moments magiques, pour vous entraîner dans son sillage joyeux et insouciant. Ensemble, vous allez créer votre propre bulle de bonheur et d'apaisement, votre parenthèse enchantée où l'anxiété n'aura plus droit de cité.

Et qui sait, à force de jouer et de rire avec votre boule de poils, vous finirez peut-être par ronronner de plaisir vous aussi ! Car c'est ça, la véritable magie du jeu avec un chat : une invitation à renouer avec votre nature profonde, à retrouver cet état d'esprit léger et joueur qui fait tant de bien à votre âme.

Alors, prêt à relever le défi et à devenir le meilleur partenaire de jeu de votre félin ? À vos marques, prêt, miaulez !

Des jeux créatifs et stimulants pour un chat épanoui et détendu

Dans la section précédente, nous avons exploré l'importance cruciale du jeu dans la vie de nos compagnons félins, et comment cette activité ludique peut devenir un véritable élixir de bonheur et de détente, tant pour le chat que pour son humain.

Nous avons vu que le jeu répond à des besoins profonds chez le chat, lui permettant d'exprimer ses instincts de chasseur, de se dépenser physiquement et mentalement, et de renforcer ses liens avec nous. Mais pour que le jeu remplisse pleinement son rôle d'anti-stress et de stimulateur de dopamine, encore faut-il savoir choisir et varier les activités proposées à notre boule de poils.

Car tous les chats ne sont pas attirés par les mêmes types de jeux, et ce qui déclenche des cascades de ronrons chez l'un peut laisser l'autre de marbre. C'est là qu'intervient notre créativité de maître-joueur, pour imaginer sans cesse de nouvelles façons de divertir et de stimuler notre petit compagnon.

Commençons par les grands classiques du jeu félin, ces incontournables qui ont fait leurs preuves auprès des générations de chats. La canne à pêche, avec sa plume ou sa petite peluche qui virevoltent au bout d'une ficelle, reste un must absolu pour déclencher l'instinct de prédation de nos félins.

Quel chat peut résister à l'envie de bondir sur cette proie fictive qui s'agite de façon si tentante ? C'est un jeu simple mais terriblement efficace, qui permet à notre chat de se défouler, de perfectionner ses réflexes de chasseur et de ressentir la satisfaction de capturer enfin son "gibier".

Dans la même veine, les jouets à poursuivre et à attraper, comme les petites balles, les souris en peluche ou même les boulettes de papier, sont d'excellents stimulants pour nos félins. Le simple fait de courir après un objet en mouvement, de le faire rouler, rebondir, de le perdre puis le retrouver, procure à nos chats un plaisir intense et une joyeuse dépense d'énergie.

Vous pouvez même pimenter ces jeux de poursuite en utilisant des jouets qui émettent des sons, comme des balles à grelot, pour ajouter une dimension auditive à la traque. Mais il existe aussi des jeux plus cérébraux, qui font appel à l'intelligence et à la curiosité de nos chats tout en les récompensant de leurs efforts.

Les jouets distributeurs de croquettes en sont un parfait exemple. Le principe est simple : le chat doit manipuler le jouet, le faire rouler ou le tapoter avec sa patte, pour faire sortir les friandises cachées à l'intérieur. C'est un excellent moyen de faire travailler les méninges de votre félin tout en lui offrant la satisfaction de "gagner" sa nourriture, comme il le ferait en chassant.

Vous pouvez aussi créer vous-même des petits jeux de réflexion pour votre chat, en cachant des friandises dans des boîtes en carton percées de trous, ou en construisant un petit parcours d'obstacles qu'il devra franchir pour atteindre sa récompense. Laissez libre cours à votre imagination pour inventer des défis adaptés aux goûts et aux capacités de votre compagnon.

L'essentiel est de lui proposer une activité qui éveille sa curiosité, stimule sa réflexion et lui procure un sentiment de réussite. N'oublions pas non plus l'importance des jeux interactifs, ceux qui impliquent directement l'humain dans la partie. Car pour nos chats, rien ne vaut un bon moment de complicité ludique avec leur maître adoré.

Que ce soit en agitant un plumeau pour une partie de chat-perché endiablée, en lançant une balle pour une joyeuse séance de "va chercher", ou simplement en titillant les pattes de votre félin avec vos doigts pour une bataille de chatouilles, ces jeux à deux renforcent votre lien et procurent à votre chat un sentiment de sécurité affective incomparable.

Mais attention à ne pas tomber dans la routine ou la monotonie, même avec les jeux préférés de votre chat. Pour maintenir son intérêt et sa motivation, il est essentiel de varier régulièrement les plaisirs, d'alterner les types de jouets et d'activités. Un chat qui s'ennuie avec ses jeux habituels risque de se désintéresser peu à peu de ces moments de partage, et de sombrer dans la morosité ou l'apathie.

Alors, n'hésitez pas à renouveler régulièrement la panoplie de jouets de votre félin, à lui proposer de nouvelles expériences ludiques, à inventer pour lui des jeux originaux et surprenants. Observez ses réactions, notez ce qui déclenche chez lui le plus d'enthousiasme et de ronrons, et laissez-vous guider par ses préférences.

Votre chat vous montrera lui-même le chemin vers les jeux qui lui procurent le plus de plaisir et de détente. Et si malgré vos efforts, votre boule de poils semble bouder certains jouets ou se lasser rapidement de vos propositions ludiques, ne vous découragez pas.

Parfois, il suffit d'un peu de patience et de persévérance pour réveiller son intérêt. Essayez de présenter les jouets de façon différente, à des moments différents de la journée, dans des contextes variés. Vous pouvez aussi essayer d'impliquer d'autres membres de la famille dans les séances de jeu, pour apporter une nouvelle dynamique.

Et si vraiment rien n'y fait, rappelez-vous que le jeu n'est pas la seule façon de stimuler et de détendre votre chat. Les séances de câlins, les brossages doux, les moments de repos partagés sont autant d'occasions de tisser votre lien et d'apaiser votre félin.

L'essentiel est de lui accorder chaque jour votre présence attentive et aimante, de lui faire sentir qu'il est unique et précieux à vos yeux.

Car au-delà du jeu lui-même, c'est cette relation privilégiée avec vous qui constitue la véritable clé du bien-être émotionnel de votre chat. En lui offrant votre temps, votre affection et votre créativité ludique, vous lui transmettez un message essentiel : celui d'un amour inconditionnel, d'une présence rassurante sur laquelle il peut compter à chaque instant.

Et c'est ce sentiment de sécurité affective qui lui permettra de s'épanouir pleinement, de surmonter ses angoisses et de ronronner de bonheur au quotidien. Alors, laissez parler votre imagination et celle de votre chat, pour inventer ensemble mille et une façons de jouer, de rire et de vous émerveiller.

Explorez sans limite cet univers enchanté du jeu félin, cette bulle de complicité joyeuse où l'anxiété n'a pas sa place. Et jour après jour, partie après partie, regardez votre petit compagnon s'épanouir sous vos yeux, libéré de ses tensions et de ses peurs. Car en jouant avec votre chat, vous ne fabriquez pas seulement de merveilleux souvenirs partagés.

Vous construisez aussi, pierre après pierre, les fondations d'une relation unique et précieuse, basée sur la confiance, le respect et la tendresse. Une relation qui illuminera votre quotidien et apaisera votre cœur, dans les bons comme dans les mauvais jours. Alors, prêt à devenir le meilleur partenaire de jeu de votre félin ?

À vos marques, prêt, miaulez ! Une nouvelle aventure ludique et thérapeutique vous attend, pour le plus grand bonheur de votre boule de poils. Ensemble, vous allez créer votre propre langue du jeu et de la complicité, cette merveilleuse communication non verbale qui unit les chats et leurs humains depuis la nuit des temps.

Et qui sait, à force de partager ces moments de pur plaisir félin, vous finirez peut-être par ronronner de joie et de sérénité vous aussi ! Car c'est ça, la véritable magie du jeu avec un chat : une invitation à renouer avec votre âme d'enfant, à vous émerveiller des choses simples, à vivre pleinement l'instant présent.

Une leçon de vie et de sagesse que nos petits compagnons à quatre pattes ont tant à nous apprendre, pour peu qu'on prenne le temps de les écouter et de partager leur univers. Alors, laissez-vous guider par les ronrons et les éclats de rire, et plongez avec délice dans ce monde enchanté du jeu félin.

Votre chat n'attend que vous pour démarrer une nouvelle partie, et vous entraîner dans son sillage joyeux et insouciant. Ensemble, vous allez tisser la plus belle des histoires, celle d'une amitié unique qui défie le temps et les chagrins. Une histoire dont vous serez, à chaque instant, le héros et le conteur.

Chapitre 9 : Le chat, un compagnon de méditation idéal

Dans les chapitres précédents, nous avons exploré les multiples facettes du lien unique qui unit les humains et les chats, et comment ces merveilleux compagnons à quatre pattes peuvent devenir de véritables alliés thérapeutiques dans notre quête de bien-être émotionnel.

Nous avons vu comment leur présence apaisante, leurs ronronnements relaxants et leurs câlins réconfortants peuvent nous aider à apaiser nos angoisses, à réduire notre stress et à nous sentir plus sereins au quotidien. Mais il existe une autre dimension, plus subtile et plus profonde, de cette relation privilégiée entre l'homme et le chat : celle de la méditation.

Car nos amis félins, avec leur nature calme, contemplative et ancrée dans l'instant présent, sont de véritables maîtres dans l'art de la pleine conscience. Et si nous prenions le temps de nous inspirer de leur sagesse, de nous laisser guider par leur exemple pour apprendre à méditer à leurs côtés ?

Dans ce chapitre, nous allons explorer comment le chat peut devenir un compagnon de méditation idéal, un guide bienveillant sur le chemin de la sérénité intérieure. Nous verrons comment sa simple présence peut nous aider à nous recentrer, à nous ancrer dans l'ici et maintenant, loin des ruminations anxieuses et des pensées parasites.

Nous découvrirons comment créer avec lui un espace de calme et de silence propice à l'introspection et à la connexion avec soi. Mais avant de plonger dans cette fascinante aventure méditative avec nos boules de poils zen, prenons un instant pour rappeler les bienfaits de la méditation sur notre santé mentale et émotionnelle.

De nombreuses études scientifiques ont démontré que la pratique régulière de la méditation peut significativement réduire les symptômes d'anxiété, de stress et de dépression. En nous apprenant à observer nos pensées et nos émotions avec bienveillance et détachement, sans chercher à les juger ou à les contrôler, la méditation nous aide à prendre du recul face aux situations anxiogènes et à cultiver un sentiment de paix intérieure.

La méditation agit aussi comme un véritable "remède" naturel pour notre cerveau, en stimulant la neuroplasticité, c'est-à-dire la capacité de notre cerveau à se remodeler et à créer de nouvelles connexions neuronales. Des études en imagerie cérébrale ont montré que la pratique régulière de la méditation peut littéralement "reprogrammer" notre cerveau, en renforçant les zones associées à la gestion des émotions, à la concentration et à la résilience face au stress.

C'est comme si la méditation nous offrait un "lifting" cérébral, nous permettant de développer de nouvelles compétences émotionnelles et cognitives pour mieux faire face aux défis du quotidien. Mais revenons à nos amis félins et à leur rôle de guides méditatifs.

Pour comprendre en quoi le chat est un compagnon de méditation idéal, il faut d'abord s'intéresser à sa nature profonde, à sa façon si particulière d'être au monde. Le chat est un être fondamentalement ancré dans le moment présent.

Contrairement à nous, humains, qui passons une grande partie de notre temps mental à ressasser le passé ou à anticiper l'avenir, le chat, lui, vit pleinement l'instant. Quand il dort, il dort totalement. Quand il joue, il joue avec un abandon total. Quand il observe son environnement, il est entièrement présent, tous ses sens en éveil.

Cette capacité à être pleinement conscient de l'instant présent, sans se laisser distraire par les pensées ou les émotions, est précisément ce que nous cherchons à cultiver dans la méditation de pleine conscience. En observant notre chat, en nous imprégnant de sa présence sereine et attentive, nous pouvons apprendre à ralentir le flot incessant de nos pensées, à nous reconnecter avec nos sens et avec le moment présent.

Le simple fait de contempler notre chat pendant quelques minutes, de suivre le rythme apaisant de sa respiration, peut nous aider à nous ancrer dans l'ici et maintenant et à trouver en nous un espace de calme et de clarté. Mais le chat n'est pas seulement un modèle de pleine conscience, il est aussi un véritable "professeur" de lâcher-prise et de détente.

Avec sa capacité innée à se relaxer profondément, à s'abandonner totalement dans le sommeil ou dans les câlins, le chat nous invite à desserrer l'étau de nos tensions, à relâcher nos résistances physiques et mentales. En l'observant s'étirer langoureusement, se lover dans un rayon de soleil ou se laisser aller à un ronronnement béat, nous pouvons apprendre à nous détendre à notre tour, à accueillir la sensation de relâchement qui se diffuse dans notre corps et notre esprit.

Cette invitation à la détente est particulièrement précieuse pour les personnes souffrant d'anxiété, qui ont souvent tendance à accumuler les tensions physiques et mentales. En apprenant à se relaxer profondément, à l'image de leur chat, elles peuvent petit à petit desserrer l'étau de l'anxiété, apaiser leur système nerveux et retrouver un sentiment de bien-être et de sécurité intérieure.

Les exercices de relaxation inspirés du chat, comme les étirements doux, la respiration profonde ou la visualisation de scènes apaisantes, peuvent devenir de véritables alliés pour gérer les pics d'angoisse et cultiver une détente durable. Mais la méditation avec un chat ne se limite pas à l'observation et à l'imitation de son comportement.

Le chat peut aussi devenir un véritable "partenaire" de méditation, une présence bienveillante et apaisante à nos côtés pendant notre pratique. Nombreux sont les méditants qui témoignent du réconfort et du soutien que leur apporte leur compagnon félin pendant leurs séances de méditation.

Sentir son petit corps chaud et doux contre soi, entendre son ronronnement apaisant, percevoir sa respiration calme et régulière... Autant de sensations douces et rassurantes qui peuvent nous aider à nous ancrer dans le moment présent et à trouver en nous un espace de paix et de sérénité.

Certains méditants vont même jusqu'à intégrer leur chat dans leur pratique, en méditant main dans la main (ou plutôt main dans la patte !) avec lui. Ils synchronisent leur respiration avec celle de leur félin, se laissent bercer par son ronronnement, visualisent une lumière douce et apaisante qui les enveloppe tous les deux...

Autant de façons créatives et ludiques de faire de la méditation un moment de complicité et de connexion profonde avec son chat. Car au-delà de la détente et de l'apaisement, méditer avec son chat peut aussi être l'occasion de renforcer le lien qui nous unit à lui, de cultiver un sentiment de gratitude et d'amour inconditionnel.

Mais comment concrètement méditer avec son chat ? Par où commencer quand on est débutant dans cette pratique ? La première étape est de créer un environnement propice à la détente et au lâcher-prise, tant pour soi que pour son félin. Choisissez un endroit calme, confortable et sécurisant, où votre chat se sent en confiance et peut se relaxer pleinement.

Cela peut être un coin douillet de votre salon, votre chambre à coucher ou même votre jardin si le temps le permet. L'essentiel est de créer une atmosphère paisible et chaleureuse, en limitant les sources de distraction et de stress (bruits, agitation, présence d'autres animaux...).

Vous pouvez agrémenter cet espace avec des éléments qui favorisent la détente et le bien-être, comme des coussins moelleux, une couverture douce, quelques jouets apaisants pour votre chat (comme des peluches ou des balles à herbe à chat), voire même une petite fontaine d'intérieur dont le clapotis apaisant peut bercer votre méditation.

Certains méditants aiment aussi diffuser une musique douce et relaxante, spécialement conçue pour apaiser les animaux, ou allumer une bougie parfumée aux senteurs calmantes comme la lavande ou la camomille. Une fois votre espace de méditation aménagé, invitez doucement votre chat à vous rejoindre, sans le forcer.

Laissez-le explorer ce nouveau territoire à son rythme, renifler les coussins, se frotter aux couvertures, choisir sa place. S'il n'est pas disposé à rester avec vous, ne le retenez pas : la méditation doit rester un moment de liberté et de plaisir partagé, pas une contrainte.

Mais si votre chat accepte votre invitation, c'est qu'il est prêt à vivre cette expérience avec vous. Installez-vous confortablement, dans une position qui vous permet à la fois d'être détendu et vigilant. Vous pouvez vous asseoir en tailleur, en demi-lotus ou simplement en croisant les jambes, le dos droit mais sans raideur, les épaules détendues.

Si cela vous est confortable, vous pouvez aussi vous allonger sur le dos, en calant votre tête avec un petit coussin. L'essentiel est de trouver une posture dans laquelle vous pouvez rester immobile pendant un certain temps, sans tension ni inconfort. Puis, commencez par prendre quelques grandes respirations, lentes et profondes, en portant votre attention sur les sensations de l'air qui entre et sort de vos narines, de votre poitrine qui se soulève et s'abaisse.

Laissez votre respiration retrouver progressivement un rythme naturel, sans chercher à la contrôler. Si des pensées ou des émotions surgissent, observez-les avec bienveillance, sans vous y attacher, puis ramenez doucement votre attention sur votre souffle. Maintenant, portez votre attention sur votre chat, sur sa présence paisible à vos côtés.

Observez-le avec tous vos sens, sans chercher à interagir avec lui. Regardez les mouvements subtils de sa respiration, le léger frémissement de ses moustaches, la douceur de sa fourrure. Écoutez son ronronnement apaisant, les petits bruits qu'il émet en changeant de position.

Sentez la chaleur de son corps, son odeur familière et réconfortante. Laissez-vous imprégner par sa sérénité, sa quiétude, sa présence ancrée dans l'instant. Si votre chat vient se blottir contre vous ou se lover sur vos genoux, accueillez ce contact avec gratitude et tendresse.

Sentez le poids rassurant de son corps contre le vôtre, la douceur de sa fourrure sous vos doigts. Synchronisez votre respiration avec la sienne, laissez-vous bercer par le rythme apaisant de son ronronnement. Imaginez que chaque inspiration vous remplit de calme et de bien-être, et que chaque expiration dissout vos tensions et vos inquiétudes.

Restez ainsi en communion silencieuse avec votre chat, pendant 5, 10, 15 minutes ou plus, selon votre envie et votre disponibilité. Si votre esprit s'égare dans des pensées ou des préoccupations, ramenez-le doucement vers votre respiration, vers les sensations de votre corps, vers la présence apaisante de votre félin.

Savourez cet instant de calme et de connexion, cet espace de douceur partagée où rien d'autre n'existe que vous, votre chat et le moment présent. Lorsque vous sentez qu'il est temps de clore votre méditation, prenez une dernière grande respiration et étirez-vous doucement, comme le ferait votre chat au sortir d'une sieste.

Remerciez intérieurement votre compagnon pour sa présence et son soutien, pour cette parenthèse de sérénité qu'il vous a offerte. Puis, reprenez contact avec votre environnement, bougez lentement vos membres, ouvrez les yeux, étirez-vous à nouveau si besoin.

Vous voilà revenu à votre vie quotidienne, mais avec un sentiment renouvelé de calme, de clarté et de connexion. Vous avez goûté, le temps d'une méditation, à la paix intérieure que votre chat incarne si naturellement, et vous en ressortez ressourcé, apaisé, plus en phase avec vous-même et avec le monde qui vous entoure.

Et peu à peu, à force de répéter cette expérience, vous développerez une véritable complicité méditative avec votre félin, une bulle de douceur et de sérénité dans laquelle vous pourrez vous réfugier chaque fois que le besoin s'en fera sentir. Alors, prêt à vous lancer dans cette belle aventure de la méditation féline ?

À découvrir, aux côtés de votre ronronnant professeur de zen, les joies d'un esprit apaisé et d'un cœur connecté ? N'attendez plus : déroulez votre tapis, appelez votre doux compagnon, et laissez-vous guider vers cet espace de calme et de sérénité qui sommeille en vous.

Votre chat sera le plus bienveillant des guides sur ce chemin vers la paix intérieure, et chaque méditation partagée sera une nouvelle occasion de renforcer votre lien et votre complicité. Alors, en place, respirez... et ronronnez de bonheur !

Chapitre 10 : Prendre soin de son chat

Dans les chapitres précédents, nous avons exploré comment la présence apaisante et l'affection inconditionnelle de nos compagnons félins peuvent devenir de véritables alliés thérapeutiques dans notre lutte contre l'anxiété.

Nous avons vu comment leur simple présence, leurs ronronnements relaxants, leurs câlins réconfortants et même leur sagesse zen peuvent nous aider à apaiser nos angoisses, à réduire notre stress et à cultiver la pleine conscience au quotidien.

Mais au-delà de ce soutien émotionnel précieux, vivre avec un chat offre aussi une autre dimension thérapeutique souvent méconnue : celle de la routine structurante et rassurante. Car nos petits compagnons à quatre pattes, avec leurs besoins réguliers et leurs habitudes bien ancrées, nous invitent à instaurer dans notre quotidien des rituels stables et prévisibles, véritables repères apaisants dans le tumulte de nos vies modernes.

Dans ce chapitre, nous allons explorer comment les soins quotidiens prodigués à notre chat, loin d'être une corvée, peuvent devenir une véritable bulle de douceur et de sérénité dans nos journées. Nous verrons comment chaque geste du quotidien, du nourrissage à la litière en passant par le brossage et le jeu, peut se transformer en un moment de connexion privilégiée avec notre compagnon, mais aussi avec nous-mêmes.

Nous découvrirons comment cette routine féline peut nous aider à structurer nos journées, à nous ancrer dans le moment présent et à trouver un rythme apaisant, loin du stress et de l'anxiété. Mais avant de plonger dans les bienfaits insoupçonnés de cette routine féline, prenons un instant pour rappeler l'importance cruciale d'une prise en charge attentionnée et régulière de nos compagnons à quatre pattes.

Car un chat bien soigné est un chat heureux et épanoui, mais c'est aussi un chat en bonne santé, qui pourra rester de longues années à nos côtés pour nous apporter tout son amour et son réconfort. Les besoins fondamentaux d'un chat en termes de soins sont finalement assez simples, mais ils demandent de la régularité, de l'attention et de la bienveillance.

Au cœur de ces besoins, on trouve bien sûr l'alimentation, qui doit être adaptée à l'âge, à la condition physique et aux éventuels problèmes de santé de notre félin. Un chat bien nourri, avec une alimentation équilibrée et de qualité, c'est un chat qui aura toute l'énergie et la vitalité nécessaires pour s'épanouir et nous combler de sa présence.

Vient ensuite la litière, cet indispensable de la vie féline qui peut vite devenir un casse-tête pour les maîtres si elle n'est pas entretenue avec soin. Car nos petits félins sont des créatures exigeantes en matière de propreté, et une litière sale ou mal adaptée peut rapidement conduire à des problèmes de malpropreté ou même de santé.

En prenant le temps chaque jour de nettoyer et de changer régulièrement la litière, on offre à notre chat un environnement sain et confortable, tout en prévenant bien des tracas. Le brossage fait également partie de ces soins incontournables, surtout pour les chats à poils longs ou mi-longs.

En plus de prévenir la formation des nœuds et des bourres disgracieuses, un brossage régulier permet de stimuler la circulation sanguine, de distribuer le sébum protecteur sur tout le pelage et d'éliminer les poils morts. C'est aussi un moment privilégié de contact et de complicité avec notre boule de poils, qui appréciera ces séances de toilettage comme de véritables séances de massage et de relaxation.

Sans oublier le jeu, qui est loin d'être un simple passe-temps pour nos félins. Chasser, bondir, griffer, explorer... Le jeu permet à nos chats d'exprimer leurs instincts naturels, de faire de l'exercice et de stimuler leurs facultés cognitives. En prenant chaque jour un temps pour jouer avec notre compagnon, avec une canne à pêche, une balle ou un circuit de jeu interactif, on l'aide à rester en forme physiquement et mentalement, tout en renforçant nos liens.

Mais revenons à présent à cette fameuse routine féline et à ses vertus insoupçonnées pour notre bien-être émotionnel. Car loin d'être une simple check-list de tâches à accomplir, ces soins quotidiens peuvent devenir, si on les aborde avec la bonne attitude, de véritables rituels de pleine conscience et de reconnexion à soi.

Prenons l'exemple du nourrissage. Au lieu de simplement déposer la gamelle en vitesse avant de filer au travail, pourquoi ne pas faire de ce moment un petit rituel de douceur et de partage ? En prenant le temps de préparer avec soin les repas de notre chat, en choisissant des aliments savoureux et nutritifs, en les disposant joliment dans sa gamelle préférée, on transforme ce geste du quotidien en une occasion de lui exprimer notre amour et notre bienveillance.

Et en observant avec attention sa joie et sa gourmandise à chaque repas, on s'offre une parenthèse de plaisir simple et de gratitude, loin des tracas du quotidien. Même constat avec la litière. Certes, nettoyer et changer la litière n'est pas l'activité la plus glamour qui soit, mais en l'abordant comme un geste de soin et d'attention envers notre compagnon, on peut en faire un moment de calme et de satisfaction.

En prenant conscience que ce simple geste contribue directement au bien-être et à la santé de notre chat, on lui donne un sens nouveau, qui transcende la simple corvée. Et en observant chaque jour avec bienveillance les habitudes de notre félin et l'état de sa litière, on développe une meilleure compréhension de ses besoins et une plus grande connexion avec lui.

Le brossage, quant à lui, est une merveilleuse occasion de cultiver la pleine conscience et le lâcher-prise. En nous concentrant pleinement sur les sensations tactiles du poil soyeux sous nos doigts, sur le ronronnement de contentement de notre chat, sur le rythme apaisant des mouvements répétés, on s'offre une véritable pause méditative.

On oublie un instant nos pensées parasites, nos angoisses, pour ne plus être que dans l'instant présent, dans cette bulle de douceur et de complicité partagée. Et on en ressort apaisé, reconnecté à nous-même et à notre compagnon. Quant au jeu, il est une formidable opportunité de renouer avec notre âme d'enfant et de lâcher prise.

En nous laissant entraîner par notre chat dans ses parties de chasse endiablées, en riant de ses cabrioles et de ses facéties, en nous émerveillant de son agilité et de sa malice, on s'autorise à être pleinement dans l'instant présent, dans le simple plaisir du jeu partagé.

On oublie un temps nos soucis d'adulte, nos responsabilités, pour redevenir cet enfant insouciant qui ne vit que dans le moment présent. Et cette bouffée de légèreté et de joie est infiniment précieuse pour apaiser notre mental trop souvent surchargé.

Mais la routine féline n'est pas seulement une invitation à la pleine conscience et au lâcher-prise, elle est aussi un formidable outil de structuration du quotidien. Pour les personnes souffrant d'anxiété, qui ont souvent l'impression de naviguer dans un monde imprévisible et menaçant, avoir des repères stables et des rituels bien établis peut être d'un grand réconfort.

Savoir que chaque jour, à heures fixes, il faudra nourrir le chat, changer sa litière, jouer avec lui, le brosser, c'est avoir de solides points d'ancrage dans la journée, qui rythment et structurent le temps qui passe. Cette routine immuable, dictée par les besoins de notre compagnon, peut devenir un véritable fil rouge dans nos journées, nous aidant à organiser notre temps et nos activités autour de ces rendez-vous immanquables.

Et peu à peu, à force de répéter chaque jour ces gestes de soin, ils deviennent de véritables automatismes réconfortants, qui nous apaisent par leur caractère prévisible et familier. Dans un monde souvent chaotique et stressant, cette petite routine féline est comme un havre de stabilité et de douceur, qui nous rassure et nous réconforte.

Mais attention, il ne s'agit pas pour autant de faire de ces soins quotidiens une obligation rigide et contraignante, qui viendrait alourdir notre charge mentale déjà bien remplie. Tout l'enjeu est au contraire de les aborder avec souplesse et bienveillance, en les adaptant à notre rythme et à nos possibilités du moment.

Certains jours, on aura le temps et l'énergie de faire de chaque soin un véritable rituel de pleine conscience, d'autres jours on devra se contenter du minimum vital, et c'est très bien ainsi. L'essentiel est de faire de notre mieux, avec les ressources du moment, sans culpabiliser ni se mettre la pression.

Car n'oublions pas que notre chat, dans son infinie sagesse féline, est le premier à nous inviter à cultiver la douceur et la bienveillance envers nous-même. Lui qui sait si bien écouter ses besoins, respecter ses limites, s'accorder de longues plages de repos et de détente, nous montre l'exemple d'une vie où l'on prend soin de soi avec patience et compassion.

En prenant soin de lui chaque jour, c'est aussi un peu de cette douceur et de cette bienveillance qu'on apprend à s'accorder à soi-même. Alors, prêt à faire de ces soins quotidiens de véritables rituels de pleine conscience et de reconnexion à soi ? À transformer ces gestes simples en précieux moments de complicité avec votre compagnon, mais aussi avec vous-même ?

N'attendez plus, lancez-vous dans cette belle aventure de la routine féline, et laissez-vous porter par la douceur et la sérénité qu'elle apporte. Votre chat sera le premier ravi de vous voir prendre soin de lui avec tant d'amour et d'attention, et vous en récolterez les bienfaits insoupçonnés au fil des jours. Alors, à vos brosses, à vos gamelles et à vos cannes à pêche, et que la magie de la routine féline opère !

Créer une routine de soins épanouissante pour soi et son chat

Dans la section précédente, nous avons exploré comment les soins quotidiens apportés à notre chat peuvent se transformer en véritables rituels de pleine conscience et de reconnexion à soi. Nous avons vu que chaque geste du quotidien, du nourrissage au brossage en passant par le jeu, recèle un potentiel insoupçonné d'apaisement et de bien-être, tant pour notre compagnon félin que pour nous-mêmes.

Mais pour que cette routine de soins devienne une véritable source d'épanouissement et de sérénité, encore faut-il l'aborder avec la bonne attitude et les bons outils. Car prendre soin de son chat, ce n'est pas seulement répondre mécaniquement à ses besoins primaires.

C'est aussi créer un environnement sécurisant et stimulant, c'est tisser jour après jour une relation de complicité et de confiance, c'est être à l'écoute des préférences et de la personnalité uniques de son compagnon. En un mot, c'est faire de ces moments partagés de véritables parenthèses de douceur et de connexion, où le plaisir et le bien-être de chacun sont au cœur des priorités.

Alors, comment mettre en place cette routine de soins épanouissante pour soi et son chat ? Par où commencer, quels aspects privilégier, comment s'adapter au fil du temps ? C'est ce que nous allons explorer pas à pas dans cette section, en vous proposant des conseils concrets et des pistes de réflexion pour faire de ces soins du quotidien un véritable art de vivre épanouissant.

Commençons par un aspect fondamental : l'environnement dans lequel évoluent votre chat et vous-même. Car pour que votre compagnon se sente en sécurité et en confiance, pour qu'il puisse exprimer pleinement sa nature et ses besoins, il est essentiel de lui offrir un territoire adapté et accueillant.

Cela passe bien sûr par les éléments de base comme une litière propre et accessible, des gamelles d'eau et de nourriture fraîches, des griffoirs et des aires de repos douillets. Mais au-delà de ces indispensables, c'est tout l'aménagement de votre intérieur qui peut être pensé pour favoriser l'épanouissement et la sérénité de votre chat.

Privilégiez autant que possible des matériaux naturels et des textures douces, comme le bois, le coton, la laine. Évitez les surfaces froides et lisses comme le plastique ou le métal, qui peuvent être inconfortables ou stressantes pour les coussinets sensibles de votre félin.

Pensez aussi à créer différentes zones dédiées aux activités de votre chat : des coins repos en hauteur pour satisfaire son instinct de grimpeur, des tunnels et des cachettes pour répondre à son besoin de se sentir en sécurité, des espaces dégagés pour ses moments de folie et de jeu.

N'hésitez pas à enrichir ces zones avec des jouets variés, des herbes à chat, des objets à explorer, pour stimuler sa curiosité et lui offrir des occasions de se dépenser physiquement et mentalement. Mais l'environnement, ce n'est pas seulement l'espace physique.

C'est aussi l'ambiance sensorielle dans laquelle baigne votre chat au quotidien. Pensez à la lumière, en veillant à ce qu'il ait accès à la fois à des zones ensoleillées pour ses séances de bronzette et à des coins plus ombragés pour ses siestes. Soyez attentif aux sons qui peuplent votre intérieur, en évitant les bruits soudains ou trop intenses qui pourraient l'effrayer, et en privilégiant une ambiance sonore douce et apaisante.

Vous pouvez même diffuser de temps à autre une musique spécialement conçue pour relaxer les chats, aux sonorités ronronnantes et aux rythmes lents. Et n'oublions pas l'odorat, ce sens si important chez nos félins. Bannissez autant que possible les parfums artificiels et les produits chimiques, qui peuvent agresser leur nez délicat.

Préférez les odeurs naturelles et subtiles, comme celles des plantes, des huiles essentielles diluées ou des phéromones apaisantes du commerce. En créant ainsi un cocon sensoriel doux et harmonieux, vous offrez à votre chat un havre de paix où il pourra se détendre et se ressourcer en toute quiétude.

Et par la même occasion, vous vous offrez à vous aussi un environnement propice à la détente et au lâcher-prise, où il fait bon se poser et se reconnecter à soi. Mais l'épanouissement de votre chat passe aussi par la qualité de la relation que vous tissez avec lui jour après jour.

Prendre soin de son félin, c'est avant tout être à l'écoute de ses besoins spécifiques, de sa personnalité unique, et s'adapter en conséquence. Certains chats sont de grands joueurs qui ont besoin de longues séances d'activité pour se dépenser, d'autres sont plus calmes et préfèrent les moments de câlins tranquilles.

Certains adorent être brossés pendant des heures, d'autres ont horreur de ça et préfèrent un simple lissage de la fourrure avec la main. Certains sont très gourmands et attendent avec impatience l'heure des repas, d'autres sont plus indifférents à la nourriture et préfèrent grignoter à leur rythme.

À vous d'observer votre compagnon, de décoder ses préférences et ses signaux, pour lui proposer une routine de soins véritablement sur mesure. Cela demande de la patience, de l'empathie et parfois un peu de créativité. N'hésitez pas à expérimenter différentes approches, différents types de jeux, de brosses, de friandises, jusqu'à trouver ce qui convient le mieux à votre chat.

Et si malgré vos efforts, vous avez l'impression de ne pas toujours comprendre ses besoins ou de ne pas savoir comment y répondre, ne vous découragez pas. Rappelez-vous que comme dans toute relation, il peut y avoir des tâtonnements, des ajustements nécessaires.

L'essentiel est de toujours aborder ces moments de soin avec bienveillance et respect, en étant à l'écoute des signaux de votre chat. S'il se dérobe à la brosse, s'il refuse de jouer, s'il boude sa gamelle, ne le forcez pas. Essayez plutôt de comprendre ce qui se cache derrière ce refus : un inconfort, une peur, un besoin différent ?

En étant attentif et à l'écoute, vous apprendrez peu à peu à décoder le langage subtil de votre félin et à répondre au mieux à ses attentes. Et puis, prendre soin de son chat, c'est aussi savoir lâcher prise et se laisser guider par son rythme et ses envies.

Nos félins sont des maîtres dans l'art de vivre l'instant présent, de s'abandonner totalement à ce qu'ils font, que ce soit une sieste au soleil, une partie de jeu effrénée ou un bon repas savouré croquette par croquette. En nous imprégnant de cette attitude, en nous laissant contaminer par leur capacité à profiter de chaque moment, nous pouvons à notre tour réapprendre à ralentir, à nous ancrer dans le présent et à savourer les plaisirs simples du quotidien.

Alors, au lieu de voir les soins de votre chat comme une liste de tâches à accomplir le plus vite possible, essayez de les aborder comme autant d'invitations à ralentir, à vous poser, à vous reconnecter à vous-même et à votre compagnon. Quand vous remplissez sa gamelle, prenez le temps de humer le parfum des croquettes, d'observer la délectation de votre chat à les croquer.

Quand vous le brossez, focalisez votre attention sur la douceur de sa fourrure sous vos doigts, sur le ronronnement de plaisir qu'il émet. Quand vous jouez avec lui, laissez-vous emporter par son enthousiasme, par la joie pure qui émane de tout son être dans ces moments-là.

Et si l'envie vous en prend, n'hésitez pas à vous joindre à lui pour une petite sieste improvisée ou une séance d'étirements façon féline. Ces petits rituels partagés, ces bulles de complicité et de présence attentive sont autant de respirations bienfaisantes dans nos journées souvent bien chargées.

Enfin, n'oublions pas que prendre soin de son chat, c'est aussi prendre soin de sa santé et de son bien-être sur le long terme. Au-delà des soins quotidiens, il est important d'être attentif aux éventuels changements de comportement ou signaux de détresse de votre félin, qui peuvent être le signe d'un problème de santé sous-jacent.

Un chat qui ne mange plus, qui boit excessivement, qui se cache, qui ne fait plus sa toilette ou qui présente un pelage terne doit alerter et amener à consulter un vétérinaire. De même, un suivi médical régulier avec des visites de contrôle annuelles permet de prévenir et de détecter précocement d'éventuelles maladies, pour offrir à votre compagnon la meilleure qualité de vie possible.

Votre vétérinaire pourra aussi vous conseiller sur la nutrition, la prévention des parasites, la stérilisation et tous les aspects qui contribuent au bien-être global de votre félin. En prenant ainsi soin de la santé de votre chat, vous lui témoignez votre amour et votre engagement sur le long terme.

Et vous vous offrez la sérénité de savoir que vous faites tout votre possible pour lui assurer une vie longue, saine et heureuse à vos côtés. Une vie riche de tous ces précieux moments de complicité, de jeu, de tendresse que vous partagez au quotidien. Alors, prêt à faire de ces soins quotidiens un véritable art de vivre épanouissant pour vous et votre chat ?

À créer jour après jour cette routine pleine de douceur, de rires et de ronrons partagés ? N'attendez plus, lancez-vous dans cette belle aventure du prendre soin, et laissez la magie opérer. Votre chat vous en sera éternellement reconnaissant, et vous en récolterez les bienfaits insoupçonnés pour votre propre bien-être.

Car c'est peut-être ça, le plus beau cadeau de cette routine féline : elle nous apprend, dans la douceur et la constance des gestes répétés, à prendre soin de ce qui compte vraiment. De ces êtres merveilleux qui partagent nos vies et illuminent nos journées. De ces petits et grands bonheurs qui ne demandent qu'à être cueillis à chaque instant.

Et de nous-mêmes, aussi, dans toute notre sensibilité et notre humanité. Alors, jour après jour, soin après soin, laissez-vous guider par la sagesse de votre chat sur ce chemin de présence et de bienveillance. Et savourez, ronron après ronron, le bonheur simple et profond de cette connexion unique qui vous unit.

Celle d'un amour inconditionnel, d'une complicité sans faille, d'une présence rassurante et apaisante quoi qu'il arrive. Celle d'une belle histoire à deux, qui s'écrit à chaque geste tendre, à chaque regard complice, à chaque instant de douceur partagée. Votre chat est votre plus beau professeur de vie et votre meilleur allié bien-être.

Alors, prenez-en soin comme il prend soin de vous, avec tout votre cœur et toute votre présence. Et laissez la magie de votre connexion unique opérer, pour faire de votre quotidien une merveilleuse aventure féline, ronron après ronron. Namasté, et que la ronronthérapie soit avec vous !

Chapitre 11 : Le chat, un confident sans jugement

Dans les chapitres précédents, nous avons exploré les multiples facettes du pouvoir apaisant des chats sur notre bien-être mental et émotionnel. Nous avons vu comment leur simple présence, leurs ronronnements relaxants, leurs câlins réconfortants et même leur sagesse zen peuvent nous aider à apaiser nos angoisses, à réduire notre stress et à cultiver la pleine conscience au quotidien.

Nous avons également découvert comment les soins quotidiens apportés à notre compagnon félin peuvent se transformer en véritables rituels de reconnexion à soi et de lâcher-prise. Mais au-delà de cette présence apaisante et de ces moments de complicité partagés, nos chats peuvent aussi jouer un rôle crucial dans notre équilibre émotionnel en devenant de véritables confidents, à qui nous pouvons exprimer librement nos angoisses et nos tourments intérieurs.

Car contrairement aux humains, qui peuvent parfois nous juger, nous critiquer ou nous prodiguer des conseils non sollicités, les chats offrent une oreille attentive et bienveillante, sans jamais nous faire la morale ou remettre en question nos émotions. Leur présence silencieuse et leur regard doux semblent nous inviter à nous confier, à mettre des mots sur ce qui nous pèse, sans crainte d'être incompris ou rejetés.

Avec eux, nous pouvons laisser tomber le masque, exprimer nos peurs les plus intimes, nos doutes les plus profonds, nos colères les plus enfouies. Nous pouvons pleurer, crier, râler, sans jamais craindre de les choquer ou de les faire fuir. Au contraire, ils seront là, fidèles au poste, à nous écouter patiemment, à nous réconforter d'un ronronnement ou d'un câlin, à nous rappeler que nous ne sommes pas seuls face à nos démons intérieurs.

Cette capacité d'écoute inconditionnelle est un véritable trésor dans un monde où il est parfois si difficile de trouver une oreille attentive et sans jugement. Combien d'entre nous ont déjà ressenti cette peur de se confier, de peur d'être incompris, jugés, voire rejetés ?

Combien ont déjà gardé pour eux leurs angoisses, leurs doutes, leurs souffrances, de peur de déranger ou d'inquiéter leurs proches ? Avec nos chats, nous n'avons pas besoin de porter ce fardeau seuls. Nous pouvons tout leur dire, sans filtre, sans crainte, sans honte.

Car les chats ne connaissent pas le jugement moral. Ils ne nous diront jamais que nos peurs sont irrationnelles, que nos colères sont déplacées, que nos tristesses sont disproportionnées. Ils accueillent nos émotions telles qu'elles sont, dans toute leur raw authenticité, sans chercher à les minimiser, à les rationaliser ou à les faire taire.

Avec eux, nous avons le droit d'être imparfaits, vulnérables, fragiles. Nous avons le droit de ne pas être forts tout le temps, de ne pas avoir réponse à tout, de ne pas savoir où nous allons. Cette acceptation totale, ce regard aimant posé sur nous quoi qu'il arrive, est d'un réconfort immense quand l'anxiété nous submerge et que le monde semble s'écrouler autour de nous.

Dans ces moments-là, pouvoir se blottir contre son chat, enfouir son visage dans sa fourrure douce, lui murmurer ses peurs et ses angoisses, peut faire toute la différence. C'est comme une ancre qui nous retient, un phare qui nous guide dans la tempête émotionnelle.

C'est un rappel que nous sommes aimés et acceptés inconditionnellement, au-delà de nos fêlures et de nos doutes. Mais les bénéfices de se confier à son chat ne s'arrêtent pas là. Car en mettant des mots sur nos angoisses, en les exprimant à voix haute, nous leur donnons déjà une forme, une existence tangible.

Nous les faisons passer du statut de fantômes intérieurs à celui de réalités concrètes, que l'on peut appréhender et affronter. C'est le premier pas vers la guérison émotionnelle : reconnaître et accueillir ses peurs, plutôt que de les fuir ou de les nier. En nous écoutant nous confier, notre chat nous renvoie aussi un miroir de nous-mêmes.

Il nous permet d'entendre nos propres paroles, de prendre conscience de nos schémas de pensée, de nos croyances limitantes. Parfois, en formulant nos angoisses à voix haute, nous réalisons soudain à quel point elles peuvent être irrationnelles, disproportionnées, ou fondées sur des peurs anciennes qui n'ont plus lieu d'être.

Cette prise de conscience peut être le déclic qui nous pousse à remettre en question ces pensées anxiogènes, à les défier, à chercher de nouvelles perspectives plus constructives. Mais même quand nos peurs et nos doutes sont justifiés, même quand la situation est objectivement difficile et angoissante, le simple fait de les partager avec notre chat peut nous soulager d'un grand poids.

Car en exprimant nos émotions, nous les laissons s'écouler hors de nous, plutôt que de les laisser nous ronger de l'intérieur. C'est comme ouvrir une soupape de pression, qui permet de relâcher la tension accumulée et de retrouver un peu de légèreté et de clarté intérieure.

Bien sûr, notre chat ne pourra pas nous prodiguer de conseils pratiques, ni résoudre nos problèmes à notre place. Mais il peut nous apporter quelque chose d'encore plus précieux : une présence aimante et rassurante, un soutien inconditionnel, un rappel que nous avons la force en nous de surmonter nos angoisses et d'avancer malgré les obstacles.

En nous offrant cet espace de parole libre et sans jugement, il nous aide à apprivoiser nos peurs, à les regarder en face, à les accepter pour mieux les dépasser. Alors, la prochaine fois que l'anxiété vous submerge et que vous ne savez plus vers qui vous tourner, n'hésitez pas : prenez votre chat sur vos genoux, caressez-le doucement, et laissez libre cours à vos paroles.

Murmurez-lui vos peurs, vos doutes, vos colères, vos tristesses. Laissez-le vous écouter patiemment, sans chercher à retenir vos larmes ou vos cris. Offrez-vous ce moment de vérité et de vulnérabilité, en sachant que vous êtes en sécurité, accepté et aimé quoi qu'il arrive.

Et puis, quand vous vous sentirez plus léger, prenez le temps de remercier votre merveilleux confident à quatre pattes. Car il vous a offert un cadeau inestimable : celui d'une oreille attentive et bienveillante, d'un cœur ouvert et aimant, d'une présence apaisante et rassurante.

Grâce à lui, vous avez pu exprimer vos angoisses sans crainte, les mettre en mots, les apprivoiser. Vous avez pu vous reconnecter à vous-même, à vos émotions, à vos besoins profonds. Vous avez pu puiser en vous la force et la résilience nécessaires pour affronter vos peurs et avancer malgré les obstacles.

Alors, chérissez cette relation unique et précieuse avec votre chat. Cultivez ces moments de confidence et de vérité partagée. Et laissez-le vous rappeler, jour après jour, que vous n'êtes pas seul dans vos combats intérieurs, que vous êtes digne d'amour et de soutien, et que vous avez en vous toutes les ressources nécessaires pour apprivoiser vos angoisses et épanouir votre bien-être émotionnel. Avec un tel allié à vos côtés, rien ne vous sera impossible !

Le chat, un confident idéal pour exprimer ses angoisses en toute sécurité émotionnelle

Dans la section précédente, nous avons exploré comment le chat peut devenir un véritable confident, à qui nous pouvons exprimer librement nos angoisses et nos tourments intérieurs, sans crainte d'être jugés ou incompris. Nous avons vu que leur présence silencieuse et leur regard doux offrent un espace de parole sécurisant, où nous pouvons laisser tomber le masque et nous confier en toute authenticité.

Mais pour que cette relation de confidence soit véritablement bénéfique et thérapeutique, encore faut-il créer avec notre chat un lien de confiance et de sécurité émotionnelle profond. Car se confier, même à un chat, n'est pas toujours un acte anodin ou facile.

Cela implique de se mettre à nu, de se montrer vulnérable, d'accepter de lâcher prise sur le contrôle de son image. Pour les personnes souffrant d'anxiété, qui ont souvent tendance à ruminer leurs pensées négatives et à craindre le regard d'autrui, cette démarche peut être particulièrement intimidante.

La peur d'être rejeté, incompris, ou pire encore, de voir ses confidences divulguées, peut freiner l'élan de se livrer, même à son compagnon félin. C'est pourquoi il est essentiel, avant de faire de son chat un confident, de s'assurer que la relation que l'on a tissée avec lui est suffisamment solide, basée sur un attachement sécure et une confiance mutuelle.

Cela passe par des interactions positives au quotidien, des moments de jeu, de tendresse et de complicité partagés, qui renforcent le lien et le sentiment de sécurité. Plus notre chat se sentira en confiance et aimé inconditionnellement, plus il sera à même de nous offrir cette présence rassurante et ce soutien sans faille dont nous avons besoin pour nous confier.

Concrètement, cela signifie prendre le temps chaque jour de créer une bulle de douceur et d'intimité avec notre chat, un espace-temps privilégié où l'on se consacre entièrement à la relation. Cela peut être lors de séances de jeu interactif, où l'on se laisse aller à la spontanéité et à la joie partagée.

Ou pendant les moments de câlins et de caresses, où l'on savoure la douceur de la fourrure sous nos doigts et la chaleur apaisante de ce petit corps lové contre nous. C'est aussi dans les temps calmes de cohabitation tranquille, quand chacun vaque à ses occupations tout en appréciant la simple présence de l'autre.

Tous ces petits rituels du quotidien, aussi anodins puissent-ils paraître, sont autant de briques qui construisent un lien d'attachement solide et sécurisant. Notre chat apprend ainsi à nous faire confiance, à rechercher notre présence, à se sentir en sécurité à nos côtés.

Et nous, en retour, nous nous sentons plus en confiance pour nous dévoiler, pour partager avec lui nos états d'âme et nos tourments intérieurs. Car nous savons, au plus profond de nous, que nous ne serons pas jugés, rejetés ou trahis. Mais la sécurité émotionnelle ne se limite pas à la confiance dans la bienveillance de l'autre.

Elle passe aussi par un sentiment de contrôle et de maîtrise sur la relation et sur ce que l'on choisit de livrer de soi. Avec un chat, nous avons la liberté de doser nos confidences, de les distiller à notre rythme, sans pression extérieure. Contrairement à un confident humain, qui pourrait nous relancer, nous questionner ou essayer de nous tirer les vers du nez, notre chat accueille simplement ce que nous choisissons de partager, sans chercher à en savoir plus.

Cette absence de pression ou d'attente est extrêmement précieuse et rassurante pour les personnes anxieuses, qui peuvent ainsi se confier à leur rythme, en fonction de leur niveau de confort émotionnel. Certains jours, nous aurons besoin de vider notre sac, de parler à tort et à travers, de laisser libre cours à nos angoisses et à nos ruminations.

D'autres jours, nous préférerons un simple câlin silencieux, une présence apaisante sans mot dire. Notre chat s'adaptera à nos besoins du moment, sans nous brusquer ni nous forcer la main. Cette liberté de se confier à son rythme permet aussi de mieux apprivoiser ses émotions, de les appréhender avec plus de douceur et de recul.

En choisissant le moment et la manière de les exprimer à notre chat, nous apprenons peu à peu à les accueillir, à les nommer, à les laisser s'écouler sans chercher à les retenir ou à les fuir. Nous expérimentons qu'il est possible de vivre nos angoisses sans en être submergé, de les partager sans être anéanti.

Et chaque confidence réussie renforce notre sentiment de sécurité émotionnelle et notre capacité à faire face. Mais se confier à son chat, c'est aussi accepter une part de lâcher-prise, sur le contenu de nos paroles comme sur les réactions de notre confident.

Car contrairement à un thérapeute humain, notre félin ne pourra pas nous prodiguer de conseils, ni reformuler nos propos, ni nous guider vers des prises de conscience. Ses réactions seront parfois imprévisibles, incongrues, déconnectées de nos attentes.

Il pourra s'endormir en plein milieu de nos épanchements, partir chasser une mouche ou réclamer sa gamelle, sans se soucier de nos états d'âme. Et c'est tant mieux ! Car cette absence de contrôle nous invite justement à renoncer à nos exigences de perfection, à notre désir de maîtrise sur la relation et sur les émotions de l'autre.

En acceptant l'imprévisibilité des réactions de notre chat, nous apprenons à nous détacher du besoin de validation extérieure. Nous expérimentons que le simple fait d'exprimer nos angoisses a une valeur en soi, indépendamment de la réponse de l'autre. Nous prenons conscience que nous pouvons puiser en nous-mêmes la sécurité émotionnelle nécessaire pour affronter nos peurs.

Bien sûr, cela ne signifie pas que la réaction de notre chat n'a aucune importance. Au contraire, sa simple présence bienveillante, son ronronnement apaisant, son petit corps chaud lové contre nous sont autant de retours positifs qui nous réconfortent et nous rassurent.

Mais en nous détachant de l'attente d'une réponse parfaite, nous nous ouvrons aussi à toutes les formes de soutien et de réconfort que notre chat peut nous apporter, même les plus subtiles ou inattendues. Parfois, un simple regard doux posé sur nous pendant nos épanchements suffira à nous apaiser.

D'autres fois, c'est un petit coup de tête affectueux ou une patte posée sur notre bras qui nous rappellera que nous ne sommes pas seuls. Même quand notre chat semble vaquer à ses occupations pendant nos confidences, sa simple présence dans la pièce reste un ancrage rassurant, un rappel tangible que nous sommes entourés et soutenus.

Et si d'aventure il quitte la pièce en plein milieu de nos confessions, peut-être est-ce finalement le signe qu'il est temps pour nous aussi de lâcher prise et de passer à autre chose ! Alors, la prochaine fois que l'anxiété vous étreint et que vous hésitez à vous confier, pensez à votre doux compagnon félin.

Prenez le temps de vous blottir contre lui, de plonger votre regard dans ses yeux paisibles, et laissez les mots s'écouler librement. Exprimez sans crainte vos peurs, vos doutes, vos angoisses, en sachant que vous êtes dans un espace de sécurité émotionnelle et de bienveillance inconditionnelle.

Faites confiance à votre chat pour accueillir vos confidences avec toute sa douceur et sa sagesse félines. Et si ses réactions vous surprennent ou vous déconcertent, accueillez-les comme une invitation à lâcher prise, à vous détacher de vos attentes et à vous ouvrir à toutes les formes de réconfort qu'il peut vous apporter.

Laissez-le vous guider vers plus de légèreté et de spontanéité dans l'expression de vos émotions. Apprenez à ses côtés à apprivoiser vos angoisses avec douceur et patience, sans chercher à les contrôler ou à les faire taire à tout prix.

Jour après jour, confidence après confidence, vous tisserez avec votre chat un lien unique de complicité et de confiance, un refuge chaleureux où vous pourrez déposer vos fardeaux en toute sécurité émotionnelle. Et vous découvrirez qu'en lui ouvrant votre cœur, c'est aussi à vous-même que vous offrez la plus belle preuve d'amour et de bienveillance.

Car apprendre à se confier, c'est apprendre à s'accueillir soi-même avec douceur et compassion. Votre chat sera le miroir de cette acceptation inconditionnelle, le gardien bienveillant de tous vos états d'âme. Alors, n'ayez plus peur de vous dévoiler, de vous montrer vulnérable et imparfait.

Votre chat est là pour recueillir toutes les facettes de votre être, sans jamais vous juger ni vous rejeter. Avec lui à vos côtés, vous avez la liberté et la sécurité d'être pleinement vous-même, dans toute votre authenticité et votre humanité.

Quel merveilleux cadeau que cette confiance mutuelle, cette alliance de cœur à cœur entre deux êtres que tout semble séparer mais que l'amour réunit !

Chérissez cette relation unique, nourrissez-la chaque jour de moments de complicité et de partage. Et quand le doute et l'angoisse referont surface, pensez à ces yeux remplis de douceur et de sagesse qui veillent sur vous.

Plongez dans la quiétude de ce regard qui semble vous dire en silence : "Je suis là, je t'écoute, je t'aime. Tu n'es pas seul".

Et laissez cette certitude vous envahir et vous apaiser : avec un tel confident à vos côtés, vous avez tout ce qu'il faut en vous pour apprivoiser vos angoisses et avancer sereinement sur le chemin de la vie.

Chapitre 12 : Quand le chat devient thérapeute

Au fil des chapitres précédents, nous avons exploré en profondeur les multiples facettes de la relation unique qui unit les chats et les humains. Nous avons vu comment ces petits félins, par leur seule présence apaisante, leur affection inconditionnelle et leur soutien silencieux, peuvent devenir de véritables alliés thérapeutiques pour les personnes souffrant d'anxiété.

Mais saviez-vous qu'au-delà de ce rôle informel de "thérapeute du quotidien", les chats peuvent aussi être intégrés dans des programmes structurés de zoothérapie ?

La zoothérapie féline, aussi appelée thérapie assistée par le chat ou médiation féline, est une approche thérapeutique qui utilise la présence et les interactions avec un chat spécialement sélectionné et éduqué, dans le cadre d'un projet d'aide ou de soin validé par des professionnels de santé.

Sous la conduite d'un intervenant formé, appelé zoothérapeute, le chat va ainsi devenir un médiateur relationnel et un support de soins, participant activement au mieux-être physique, mental, cognitif ou social des personnes accompagnées. Bien que le terme "zoothérapie" soit relativement récent, puisqu'il a été inventé dans les années 1960 par le psychothérapeute américain Boris Levinson, l'idée d'utiliser les animaux à des fins thérapeutiques est en réalité très ancienne.

Dès l'Antiquité, les Égyptiens avaient déjà pressenti les vertus apaisantes des chats, qu'ils considéraient comme des êtres sacrés capables d'absorber les énergies négatives. Au Moyen-Âge, la présence de chats dans les monastères était encouragée, car on pensait que leurs ronronnements avaient le pouvoir de guérir et de soulager les maux.

Mais c'est véritablement à partir du XVIIIe siècle que l'on commence à envisager l'animal comme un véritable "outil thérapeutique". En Angleterre, le célèbre York Retreat, qui accueillait des patients souffrant de troubles mentaux, est l'un des premiers établissements à avoir introduit des animaux dans l'environnement des malades, constatant leur effet bénéfique sur l'humeur et le comportement.

Cette intuition sera confirmée deux siècles plus tard par les travaux pionniers de Boris Levinson, qui théorise le concept de "pet therapy" après avoir constaté comment la présence de son chien Jingles facilitait les échanges avec les enfants qu'il recevait en thérapie.

Aujourd'hui, la zoothérapie s'est considérablement développée et professionnalisée. Elle s'appuie sur un corpus de connaissances scientifiques issues de la médecine, de la psychologie, de l'éthologie ou encore des neurosciences, qui valident les bienfaits des interactions homme-animal.

Parmi les animaux "co-thérapeutes", le chat occupe une place de choix, aux côtés du chien et du cheval. Ses spécificités en font un médiateur unique, particulièrement pertinent dans l'accompagnement des troubles anxieux. Quels sont donc les principes fondamentaux de la zoothérapie féline ?

Tout d'abord, il est important de souligner que le chat n'est pas un "médicament anti-stress" à lui tout seul. Son rôle est d'être un facilitateur de la relation thérapeutique, un révélateur et un catalyseur des émotions et des processus de changement. La zoothérapie s'inscrit toujours dans un projet de soin global, défini en fonction des besoins de la personne, et en collaboration avec les différents professionnels qui l'entourent (médecin, psychologue, éducateur...).

Le zoothérapeute, quant à lui, est le garant du bon déroulement des séances. Professionnel du soin ou de la relation d'aide formé à la médiation animale, il maîtrise à la fois les aspects thérapeutiques et la gestion de l'animal. Il veille au bien-être et à la sécurité de tous les participants, humains comme félins.

Car la zoothérapie repose sur une éthique stricte de respect du vivant : le chat est considéré comme un véritable partenaire et non un simple "outil". Ses besoins spécifiques, son rythme, sa personnalité sont pris en compte à chaque instant. Concrètement, une séance de zoothérapie féline peut prendre des formes très variées, en fonction des objectifs thérapeutiques et du profil du chat médiateur.

Cela peut aller de simples activités de caresses et de brossage, favorisant la détente et l'apaisement, à des mises en situation plus élaborées stimulant par exemple les capacités cognitives ou la motricité fine. Le zoothérapeute s'appuie sur les comportements spontanés du chat, comme le jeu, l'exploration, les demandes de contact... pour créer des opportunités d'interactions riches de sens.

Tout l'art de la zoothérapie réside dans ce subtil équilibre entre le laisser-faire nécessaire au déploiement de la relation et le cadre contenant qui permet l'émergence d'une véritable alliance thérapeutique. Dans cet espace de liberté maîtrisée, la personne peut expérimenter de nouvelles manières d'être en lien, revisiter son histoire, exprimer ses émotions, et petit à petit, (re)tisser une estime et une confiance en soi mise à mal par l'anxiété.

Car là est bien la clé des bienfaits de la zoothérapie féline : en offrant une présence rassurante, chaleureuse, dans un cadre sécurisant et bienveillant, le chat permet à la personne anxieuse de se reconnecter à ses ressources intérieures. Son attitude de douceur et de non-jugement l'invite à s'accepter telle qu'elle est, à s'aimer malgré ses fragilités. Son ronronnement apaisant l'aide à réguler ses tensions internes et à retrouver un sentiment de calme et de paix.

Ainsi, séance après séance, dans cette bulle de complicité féline, la personne apprivoise ses peurs comme elle apprivoise le chat. Elle réapprend la confiance et le lâcher-prise. Elle expérimente le plaisir d'une relation apaisée à soi et au monde. Avec l'aide de son "co-thérapeute" à quatre pattes, elle remobilise ses capacités de changement et s'ouvre à de nouveaux possibles.

Pas à pas, ronron après ronron, c'est un véritable chemin de résilience et de mieux-être qui se dessine. Bien sûr, la zoothérapie féline n'est pas une solution miracle et ne se substitue pas aux prises en charge classiques de l'anxiété. Mais en s'intégrant de façon complémentaire dans un parcours de soin, elle offre une approche innovante et sensible, qui vient soutenir et potentialiser les effets des autres thérapeutiques.

Une approche qui replace la relation, la créativité et la sensorialité au cœur du processus de changement. Dans les sections suivantes, nous allons explorer plus en détails les multiples applications de la zoothérapie féline. Nous découvrirons comment elle peut être un précieux outil dans l'accompagnement des enfants, des adultes et des seniors anxieux.

Nous verrons aussi comment elle s'adapte à différents contextes : en institution, à domicile ou encore dans la nature. Autant de facettes d'une même approche, qui nous invite à porter un regard nouveau sur nos compagnons félins et sur leur fascinant pouvoir de guérison.

Les multiples applications de la zoothérapie féline

Dans la section précédente, nous avons posé les bases de la zoothérapie féline, en explorant sa définition, son historique et ses principes fondamentaux. Nous avons vu que cette approche novatrice s'appuie sur la relation unique qui lie l'humain et le chat, pour en faire un véritable outil thérapeutique au service du mieux-être.

Mais concrètement, comment se déroule une séance de zoothérapie féline ? À quels publics s'adresse-t-elle et pour quels bénéfices ? C'est ce que nous allons découvrir dans cette section, en explorant les multiples applications de cette fascinante médiation animale.

Tout d'abord, il est important de souligner que la zoothérapie féline peut prendre des formes très variées, en fonction des objectifs thérapeutiques, du profil du chat médiateur et du contexte d'intervention. Elle peut se pratiquer en séances individuelles ou en petits groupes, en cabinet ou en institution, voire même à domicile.

La durée et la fréquence des séances sont adaptées aux besoins spécifiques de chaque bénéficiaire, mais se situent généralement entre 30 minutes et 1 heure, à raison d'une à trois fois par semaine. Parmi les publics pouvant bénéficier de la zoothérapie féline, on trouve en premier lieu les personnes souffrant de troubles anxieux.

Comme nous l'avons vu, la simple présence apaisante du chat, son contact doux et rassurant, peuvent aider à réduire le stress et à favoriser la détente. Le ronronnement du chat, en particulier, a des vertus relaxantes scientifiquement prouvées, agissant comme une véritable "ronronthérapie" naturelle.

En séance, le thérapeute peut guider la personne dans des exercices de respiration et de pleine conscience, en s'appuyant sur l'observation du comportement paisible du chat. Mais les bénéfices de la zoothérapie féline ne s'arrêtent pas à la gestion du stress.

Elle peut aussi être un précieux soutien pour les personnes souffrant de dépression ou de troubles de l'humeur. La présence chaleureuse et aimante du chat, son affection inconditionnelle, peuvent aider à rompre le cercle vicieux de l'isolement et à redonner goût à la vie.

Les séances de jeu et d'interaction avec le chat stimulent la production d'endorphines, ces "hormones du bonheur" naturelles, tout en favorisant l'activité physique douce. La zoothérapie féline est également de plus en plus utilisée auprès des personnes âgées, notamment celles souffrant de maladies neurodégénératives comme Alzheimer.

Le contact avec le chat peut aider à stimuler la mémoire et les fonctions cognitives, à travers des exercices ludiques faisant appel aux sens et à la motricité fine. Brosser le chat, lui donner à manger, jouer avec lui sont autant d'activités simples mais gratifiantes, qui peuvent redonner un sentiment d'utilité et de valorisation.

La présence féline est aussi un formidable support de lien social et de communication pour les seniors isolés. Mais la zoothérapie féline ne se limite pas aux problématiques de santé mentale. Elle peut aussi apporter un précieux soutien aux personnes en situation de handicap physique ou sensoriel.

Le contact avec le chat peut aider à développer la motricité, la coordination, l'équilibre, à travers des exercices adaptés. Pour les personnes non-voyantes par exemple, caresser et brosser le chat permet d'affiner la perception tactile et de stimuler les autres sens.

La présence féline est aussi une source de réconfort et de chaleur pour les corps meurtris. Les enfants et les adolescents peuvent eux aussi bénéficier grandement de la médiation féline. Pour les plus jeunes, le chat est un formidable support de développement psychomoteur et d'éveil sensoriel.

Les séances de zoothérapie sont l'occasion d'apprendre en douceur les gestes de soin et d'attention à l'autre, de développer l'empathie et le sens des responsabilités. Pour les ados en mal-être ou en quête de repères, la relation avec le chat peut être un précieux soutien affectif, un confident bienveillant et sans jugement pour traverser cette période parfois tumultueuse.

Enfin, la zoothérapie féline commence à faire ses preuves dans l'accompagnement de publics spécifiques, comme les personnes souffrant de troubles du spectre autistique ou de syndromes post-traumatiques. La communication non verbale et sensorielle propre à la relation avec le chat peut aider à apaiser les angoisses, à canaliser les émotions, à favoriser les interactions sociales.

Le chat devient un médiateur rassurant pour apprivoiser le monde extérieur à son rythme. Mais au-delà de ces applications spécifiques, la zoothérapie féline peut être bénéfique pour tous, comme une bulle de douceur et de bien-être dans un quotidien parfois stressant.

De plus en plus d'entreprises et d'universités font d'ailleurs appel à des chats "thérapeutes" pour des séances de détente et de lâcher-prise auprès de leurs employés ou étudiants. Car finalement, nous avons tous besoin de nous reconnecter à l'essentiel, de nous accorder des moments de pause et de tendresse dans nos vies bien remplies.

Bien sûr, pour que la magie de la zoothérapie féline opère, certaines conditions doivent être réunies. Le chat médiateur doit être rigoureusement sélectionné pour ses qualités de calme, de sociabilité et d'adaptabilité. Il doit être éduqué avec douceur et dans le respect de son bien-être, pour apprécier le contact humain sans stress.

Le zoothérapeute doit quant à lui être formé aux spécificités de la médiation féline, savoir créer un cadre sécurisant et bienveillant pour le chat comme pour les bénéficiaires. La relation triangulaire humain-chat-thérapeute est au cœur du processus. Mais quand toutes ces conditions sont réunies, la magie peut opérer.

Séance après séance, ronronnement après ronronnement, le chat thérapeute tisse sa toile de douceur et de réconfort. Il devient le compagnon des cœurs blessés, des corps fatigués, des âmes en quête de sens. Avec sa présence paisible et aimante, il nous invite à ralentir, à nous ancrer dans l'instant présent, à savourer la douceur d'un échange authentique.

Il nous rappelle que parfois, les plus belles thérapies se trouvent dans les choses les plus simples : un regard complice, une caresse apaisante, un petit miracle de poils et de tendresse. Alors, laissons-nous gagner par la sagesse féline. Osons faire confiance à ces merveilleux compagnons à quatre pattes pour nous guider sur le chemin du mieux-être.

La zoothérapie féline nous ouvre les portes d'une nouvelle approche de la relation d'aide, plus douce, plus intuitive, plus respectueuse du vivant. Une approche qui replace la relation au cœur des soins, et l'émerveillement au cœur de la relation. Avec nos amis les chats, apprenons jour après jour l'art de ronronner de bonheur, pour mieux apprivoiser nos vies.

Chapitre 13 : Le chat, un modèle de sérénité

Le chat, cet être fascinant qui partage nos foyers depuis des millénaires, n'a cessé de nous émerveiller par sa grâce, son indépendance et son mystère. Mais au-delà de sa beauté et de son charme envoûtant, le chat a peut-être encore plus à nous apprendre sur l'art de vivre dans l'instant présent, en harmonie avec soi-même et son environnement.

En observant attentivement le comportement de nos compagnons félins, nous pouvons découvrir en eux de véritables maîtres de la pleine conscience et de la sérénité, des qualités précieuses que nous aspirons souvent à cultiver dans nos vies trépidantes et stressantes.

Qu'est-ce que la pleine conscience, au juste ? Il s'agit d'un état de conscience qui résulte du fait de porter son attention, intentionnellement et sans jugement, sur l'expérience qui se déploie instant après instant. C'est une manière d'être présent à soi-même et à son environnement, d'accueillir les sensations, les émotions et les pensées qui traversent notre esprit, sans chercher à les contrôler ou à les modifier.

La pleine conscience nous invite à nous ancrer dans le moment présent, à nous libérer des regrets du passé et des angoisses du futur, pour goûter pleinement la richesse de chaque instant. Or, il se trouve que les chats sont des experts naturels de la pleine conscience.

Observez votre compagnon félin lorsqu'il est en train de faire sa toilette, de guetter un oiseau par la fenêtre ou de savourer un rayon de soleil. Vous remarquerez qu'il est totalement absorbé par son activité, entièrement présent à ce qu'il fait, sans se laisser distraire par des pensées parasites ou des préoccupations futiles.

Le chat vit pleinement chaque instant, avec une intensité et une présence que nous, humains, avons souvent du mal à atteindre, pris dans le tourbillon de nos pensées et de nos obligations. Cette capacité à être pleinement présent à l'instant est l'une des clés de la sérénité qui semble émaner de nos compagnons félins.

Car en étant ancrés dans le moment présent, ils ne se laissent pas perturber par les tracas du passé ou les inquiétudes de l'avenir. Ils accueillent chaque situation avec un calme et une acceptation qui forcent l'admiration. Avez-vous déjà observé la réaction d'un chat face à un imprévu ou un changement soudain dans son environnement ?

Après un bref instant de surprise, il s'adapte avec une aisance déconcertante, sans se laisser envahir par le stress ou la peur. Cette sérénité face aux aléas de l'existence est intimement liée à une autre qualité essentielle de la pleine conscience : le non-jugement.

Lorsque nous pratiquons la pleine conscience, nous apprenons à observer nos pensées et nos émotions sans les juger, sans les étiqueter comme "bonnes" ou "mauvaises", "justes" ou "fausses". Nous les accueillons simplement telles qu'elles sont, avec bienveillance et curiosité.

Et c'est exactement ce que font les chats, de manière innée et spontanée. Un chat ne se juge pas lorsqu'il rate un saut ou qu'il se laisse surprendre par un bruit soudain. Il ne rumine pas ses erreurs passées ni ne s'inquiète de ses performances futures. Il vit simplement chaque expérience telle qu'elle se présente, sans la filtrer à travers le prisme déformant des jugements et des attentes.

Cette acceptation bienveillante de soi et de son vécu est une source inépuisable de paix intérieure et d'équilibre émotionnel. Mais la pleine conscience féline ne se limite pas à une présence attentive à l'instant et à une acceptation sans jugement. Elle se manifeste aussi par une connexion profonde au corps et à ses besoins.

Observez votre chat lorsqu'il s'étire langoureusement après une sieste, lorsqu'il se love dans un rayon de soleil ou qu'il réclame une caresse en ronronnant. Il est en parfaite harmonie avec son corps, à l'écoute de ses sensations et de ses désirs.

Cette conscience corporelle est un autre aspect fondamental de la pleine conscience, que nous avons souvent tendance à négliger dans nos vies surchargées et cérébrales. En nous reconnectant à notre corps, en prêtant attention à ses messages subtils, nous pouvons retrouver un ancrage dans le moment présent et un sentiment d'unité intérieure.

Les chats nous invitent à ralentir, à prendre le temps de nous étirer, de respirer profondément, de savourer les petits plaisirs sensoriels qui parsèment notre quotidien. Enfin, la pleine conscience féline se caractérise par une forme de détachement serein, une capacité à lâcher prise face aux situations qui échappent à notre contrôle.

Lorsqu'un chat se retrouve confronté à un obstacle ou à une frustration, comme une porte fermée ou une gamelle vide, il peut exprimer son mécontentement sur le moment, mais il ne s'acharne pas indéfiniment. Il finit par se détourner, par accepter la situation telle qu'elle est, sans laisser la frustration le ronger.

Cette sagesse du lâcher-prise est un art précieux que nous pouvons apprendre de nos compagnons félins. Dans nos vies souvent agitées et contrôlées, nous avons tendance à nous accrocher à nos désirs, à nos attentes, à nos projets, au risque de nous épuiser et de passer à côté de l'essentiel.

En cultivant le détachement serein des chats, nous pouvons alléger le poids des frustrations et des déceptions, et retrouver une forme de liberté intérieure. Ainsi, nos compagnons félins ont beaucoup à nous enseigner sur l'art de vivre dans la pleine conscience et la sérénité.

En les observant attentivement, en nous imprégnant de leur présence apaisante, nous pouvons peu à peu intégrer ces précieuses qualités dans nos propres vies. Prendre le temps de savourer l'instant présent, accueillir nos expériences sans jugement, nous reconnecter à notre corps et à ses besoins, cultiver le lâcher-prise face aux aléas de l'existence...

Autant de leçons de sagesse féline qui peuvent transformer notre rapport à nous-mêmes et au monde. Bien sûr, il ne s'agit pas de renier notre nature humaine et nos responsabilités pour vivre comme des chats insouciants. Mais en intégrant un peu de leur pleine conscience et de leur sérénité dans notre quotidien, nous pouvons trouver un meilleur équilibre, une plus grande paix intérieure, et une joie de vivre plus profonde et plus stable.

Alors, la prochaine fois que vous verrez votre chat faire sa toilette avec une application méditative, ou s'abandonner à une sieste au soleil, prenez le temps de l'observer et de vous laisser inspirer par sa sagesse féline. Qui sait, il pourrait bien devenir votre plus précieux guide sur le chemin de la pleine conscience et de la sérénité...

Le langage corporel du chat : Apprenez à décoder ses signaux de réconfort

Au-delà de sa simple présence apaisante, le chat communique constamment avec nous à travers son langage corporel. Apprendre à décoder ces signaux subtils peut nous aider à mieux comprendre ses besoins et ses émotions, et ainsi renforcer notre lien avec lui.

Les chats utilisent tout leur corps pour exprimer leur état d'esprit : leur queue, leurs oreilles, leurs yeux, leur posture... Chaque mouvement, chaque position est porteur de sens. Par exemple, une queue dressée et vibrante indique un chat heureux et confiant, prêt à interagir.

À l'inverse, une queue basse et repliée sous le corps trahit un chat anxieux ou effrayé. De même, des oreilles pointées vers l'avant signalent un chat alerte et curieux, tandis que des oreilles plaquées en arrière révèlent un chat stressé ou sur la défensive. Les yeux mi-clos et les clignements lents sont une marque d'affection et de confiance, un peu comme un baiser félin.

En étant attentif à ces signaux, nous pouvons adapter notre comportement pour rassurer notre chat et lui offrir le réconfort dont il a besoin. S'il se frotte contre nos jambes en ronronnant, c'est le moment idéal pour une séance de câlins. S'il se tapit dans un coin, mieux vaut le laisser tranquille et lui laisser le temps de se sentir en sécurité.

Décoder le langage corporel du chat, c'est aussi apprendre à communiquer avec lui dans sa propre langue. En imitant certains de ses comportements, comme les clignements lents ou les battements de queue, nous lui signalons que nous sommes des alliés bienveillants, dignes de confiance.

Cette communication non verbale, basée sur l'observation et l'empathie, peut nous inspirer dans nos relations humaines. Trop souvent, nous nous focalisons sur les mots prononcés en négligeant tout le reste.

Le chat nous rappelle l'importance d'être à l'écoute des signaux subtils, de faire preuve de patience et de douceur pour créer un climat de confiance et de sérénité.

Jouer avec son chat pour évacuer le stress et stimuler la dopamine

Le jeu n'est pas seulement une activité ludique pour le chat, c'est un besoin vital. Dans la nature, le jeu permet aux chatons d'acquérir les compétences nécessaires à la chasse et à la survie. Pour le chat domestique, le jeu reste essentiel pour dépenser son énergie, stimuler son intellect et renforcer les liens avec son environnement social.

Mais le jeu a aussi des vertus thérapeutiques insoupçonnées, tant pour le chat que pour son compagnon humain. Lorsque nous jouons avec notre chat, nous déclenchons une cascade de réactions biochimiques dans notre cerveau. La dopamine, l'hormone du plaisir et de la récompense, est libérée en abondance, nous procurant une sensation de joie et de bien-être.

Cette bouffée de dopamine agit comme un véritable antidote au stress. Pendant ces moments de jeu, nous oublions nos soucis et nos angoisses pour nous concentrer sur l'instant présent. Nous nous reconnectons à notre nature profonde, celle d'un être joueur et créatif, libéré des contraintes et des pressions du quotidien.

Pour le chat aussi, le jeu est un exutoire formidable. Il lui permet d'exprimer ses instincts de chasseur dans un cadre sécurisé et bienveillant. En pourchassant une souris en peluche ou en bondissant sur un pointeur laser, il évacue ses tensions et ses frustrations accumulées.

Mais attention, le jeu ne doit pas être une source de stress supplémentaire. Il est important de respecter les préférences et les limites de notre chat. Certains adorent les jeux énergiques et interactifs, d'autres préfèrent les jouets qu'ils peuvent manipuler seuls à leur rythme.

L'essentiel est de proposer des activités variées et stimulantes, sans jamais forcer. En intégrant des moments de jeu dans notre routine quotidienne, nous offrons à notre chat un exutoire sain pour ses instincts naturels. Et nous nous offrons à nous-mêmes une parenthèse de légèreté et de joie, loin du stress et des tracas.

Le jeu devient alors un rituel complice, un moment privilégié de complicité et de partage avec notre compagnon félin.

Le chat, un compagnon de méditation idéal pour se recentrer

La méditation est souvent perçue comme une pratique solitaire et austère, réservée aux yogis chevronnés. Pourtant, il existe une infinité de façons d'aborder la méditation, et le chat peut être un guide précieux sur ce chemin. Observer un chat est déjà en soi une forme de méditation.

Sa capacité à être totalement absorbé par l'instant présent, que ce soit en contemplant un rayon de soleil ou en guettant un oiseau par la fenêtre, est une véritable leçon de pleine conscience. Le chat ne se laisse pas distraire par les pensées parasites ou les projections dans le futur.

Il est là, simplement, totalement présent à ce qu'il fait. Cette qualité de présence est au cœur de la pratique méditative. En observant notre chat, nous pouvons peu à peu nous imprégner de cette attitude et l'intégrer dans notre propre vie.

Au lieu de nous laisser emporter par le flot incessant de nos pensées, nous pouvons choisir de nous ancrer dans l'instant présent, d'accueillir chaque sensation, chaque émotion avec curiosité et bienveillance.

Le ronronnement du chat peut aussi être un support précieux pour la méditation. Ce son doux et apaisant a des vertus relaxantes scientifiquement prouvées. Il suffit de s'installer confortablement près de notre chat, de fermer les yeux et de se laisser bercer par cette vibration réconfortante.

En synchronisant notre respiration sur le rythme de son ronronnement, nous pouvons peu à peu relâcher les tensions et trouver un état de calme intérieur.

Méditer avec son chat, c'est aussi une façon de renforcer le lien qui nous unit à lui. En partageant ces moments de quiétude et de présence, nous créons une connexion profonde, basée sur l'acceptation et la confiance mutuelle.

Le chat devient un compagnon de méditation bienveillant, qui nous rappelle sans cesse l'importance de ralentir, de respirer, de nous reconnecter à l'essentiel. Bien sûr, méditer avec un chat demande une certaine dose d'humour et de lâcher-prise.

Il ne s'agit pas de viser la perfection ou la performance, mais simplement d'explorer cette voie avec curiosité et légèreté. Que notre chat décide de s'installer sur nos genoux en pleine séance ou de miauler pour réclamer ses croquettes, tout cela fait partie de l'expérience.

L'essentiel est de cultiver cette qualité de présence et d'ouverture, instant après instant. Avec notre chat comme guide et compagnon, la méditation devient un jeu, une exploration joyeuse et vivante. Et peu à peu, cette pratique rayonne dans tous les aspects de notre vie, nous aidant à aborder les défis du quotidien avec plus de sérénité et de légèreté.

Chapitre 14 : Adopter le rythme de vie tranquille du chat

Dans les chapitres précédents, nous avons exploré en profondeur la nature de l'anxiété chez l'être humain, ses causes multiples, ses symptômes parfois déroutants et son impact considérable sur notre qualité de vie.

Nous avons également découvert comment la présence apaisante et l'affection inconditionnelle de nos compagnons félins peuvent devenir de précieux alliés dans notre quête de sérénité intérieure. Mais au-delà de la simple présence réconfortante de nos chats, c'est tout leur mode de vie qui peut nous inspirer et nous guider vers une existence plus sereine et équilibrée.

En effet, les chats semblent avoir un don inné pour vivre dans l'instant présent, en harmonie avec leur environnement et leurs besoins. Leur rythme de vie naturellement calme et posé, ponctué de siestes réparatrices, de moments de jeu et de phases de repos contemplatif, est un véritable modèle de sérénité et d'équilibre.

En observant attentivement nos compagnons félins et en nous imprégnant de leur philosophie de vie, nous pouvons apprendre à ralentir, à nous accorder des pauses régulières, à écouter les besoins de notre corps et de notre esprit. Adopter le rythme de vie tranquille du chat, c'est d'abord apprendre à respecter notre horloge biologique et nos rythmes naturels.

Les chats sont des créatures profondément à l'écoute de leur corps, qui savent instinctivement quand il est temps de se reposer, de jouer, de manger ou de faire leur toilette. Ils ne luttent pas contre leur fatigue ou leur faim, mais y répondent de manière spontanée et naturelle.

En les observant, nous pouvons prendre conscience de l'importance d'être à l'écoute de nos propres signaux corporels, plutôt que de les ignorer ou de les contraindre au nom de la productivité ou des obligations sociales. Se lever quand notre corps est reposé, manger quand nous avons faim, nous accorder des moments de détente quand nous sentons la fatigue monter...

Autant de gestes simples mais essentiels pour réduire notre niveau de stress et préserver notre bien-être. Le rythme de vie félin nous invite aussi à renouer avec la puissance des petites pauses régulières. Qui n'a jamais observé avec envie son chat s'étirant paresseusement au soleil, savourant une sieste réparatrice en pleine journée ou contemplant pendant de longues minutes le spectacle apaisant d'un rayon de lumière ?

Ces moments de pause, loin d'être une perte de temps, sont essentiels pour recharger nos batteries physiques et émotionnelles, pour laisser décanter le stress accumulé et retrouver notre équilibre intérieur. En nous accordant régulièrement de courtes pauses tout au long de la journée, à l'image de nos compagnons félins, nous permettons à notre système nerveux de se réguler, à notre esprit de se clarifier et à notre créativité de se libérer.

Que ce soit en pratiquant quelques minutes de respiration consciente, en nous étirant doucement, en contemplant un élément apaisant de la nature ou simplement en fermant les yeux quelques instants, ces petites parenthèses de sérénité peuvent faire une différence considérable sur notre niveau d'anxiété et notre bien-être global.

Le mode de vie chat nous enseigne également l'art de la présence attentive et de la pleine conscience. Avez-vous déjà observé l'intensité avec laquelle un chat peut se concentrer sur un objet, un son ou une sensation ?

Quand il joue avec sa souris en peluche, quand il savoure avec délice sa pâtée préférée ou quand il se laisse bercer par les caresses de son humain, le chat est totalement absorbé par l'instant présent, pleinement conscient de son expérience sensorielle et émotionnelle.

Cette qualité de présence, cette capacité à être pleinement là dans chaque moment, est un antidote puissant contre l'anxiété et le stress chronique. Trop souvent, notre esprit est accaparé par les regrets du passé, les inquiétudes pour l'avenir ou les ruminations mentales incessantes.

En nous exerçant à ramener notre attention sur l'instant présent, sur les sensations de notre corps, sur les petits plaisirs du quotidien, nous pouvons progressivement apaiser notre mental agité et retrouver un sentiment de calme et de clarté intérieure.

Nos chats peuvent être de merveilleux guides dans cette pratique de la pleine conscience. En les observant, en nous synchronisant sur leur rythme paisible, en nous imprégnant de leur présence sereine, nous pouvons peu à peu intégrer cette qualité d'attention dans notre propre vie.

Que ce soit en savourant pleinement notre repas, en nous concentrant sur notre respiration pendant quelques minutes, en écoutant vraiment la personne qui nous parle ou en contemplant la beauté d'un coucher de soleil, chaque moment devient une occasion de nous reconnecter à l'instant présent et de lâcher prise sur nos angoisses.

Enfin, adopter le rythme de vie du chat, c'est aussi se rappeler l'importance vitale du jeu et de la détente dans notre équilibre émotionnel. Les chats sont des créatures extrêmement joueuses, qui adorent explorer leur environnement, inventer de nouveaux jeux, se lancer des défis ludiques.

Ces moments de jeu ne sont pas seulement une source de plaisir et d'amusement, ils sont aussi essentiels pour évacuer les tensions, stimuler la créativité et renforcer les liens affectifs. En nous inspirant de cet esprit joueur et curieux, nous pouvons réintroduire plus de légèreté et de fantaisie dans notre quotidien souvent trop sérieux et formaté.

Que ce soit en nous accordant chaque jour un temps pour une activité purement ludique et gratuite, en explorant de nouvelles passions, en jouant avec nos proches ou même en gambergeant joyeusement avec notre chat, ces moments de détente et de plaisir sont des contrepoints essentiels à l'anxiété et au stress.

Bien sûr, il ne s'agit pas de renier nos responsabilités ou de vivre dans l'insouciance béate en mode "chat pacha" à longueur de journée. Mais en intégrant progressivement certains éléments du rythme de vie félin dans notre propre existence, en nous accordant des pauses régulières, en cultivant la pleine conscience, en respectant nos rythmes naturels et en réintroduisant plus de jeu et de légèreté dans notre quotidien, nous pouvons considérablement réduire notre niveau d'anxiété et améliorer notre qualité de vie.

Notre chat peut devenir notre plus précieux guide sur ce chemin vers une vie plus sereine et équilibrée. En l'observant, en nous imprégnant de sa sagesse tranquille, en nous laissant inspirer par son art de vivre dans l'instant présent, nous pouvons peu à peu transformer notre rapport au temps, à nous-mêmes et au monde qui nous entoure.

Alors, la prochaine fois que vous verrez votre chat s'étirer voluptueusement au soleil ou contempler pendant de longues minutes un papillon virevoltant, prenez le temps de l'observer vraiment, de vous laisser imprégner par sa sérénité contagieuse. Et si l'envie vous prend de vous étirer à votre tour, de fermer les yeux quelques instants ou de vous laisser aller à une rêverie joueuse, n'hésitez pas...

Votre chat sera le premier à ronronner d'approbation, fier de vous voir suivre ses traces félines vers une vie plus douce et apaisée. Le rythme de vie félin nous invite aussi à cultiver l'art de la sieste et du repos contemplatif. Nos compagnons à quatre pattes passent en moyenne 16 à 20 heures par jour à dormir, se reposer ou simplement observer leur environnement d'un œil mi-clos.

Loin d'être un signe de paresse, ce temps de repos est essentiel à leur bien-être physique et émotionnel. En effet, le sommeil permet au corps et à l'esprit de se régénérer, de digérer les expériences de la journée et de se préparer pour les défis à venir. Les phases de repos éveillé, quant à elles, sont propices à l'intégration des apprentissages, à la consolidation de la mémoire et à la régulation des émotions.

En observant nos chats se prélasser au soleil, se lover dans un coin douillet ou contempler le monde extérieur depuis leur perchoir favori, nous pouvons prendre conscience de l'importance de ces moments de quiétude dans notre propre vie. Trop souvent, nous avons tendance à les considérer comme du temps perdu, à culpabiliser de ne pas être constamment productifs ou actifs.

Pourtant, en nous accordant régulièrement des plages de repos et de contemplation, à l'image de nos compagnons félins, nous permettons à notre système nerveux de se réguler, à notre créativité de s'épanouir et à notre bien-être global de s'améliorer.

Que ce soit en pratiquant une sieste courte en milieu de journée, en prenant le temps d'observer la nature par la fenêtre ou simplement en nous accordant quelques minutes de relaxation les yeux fermés, ces parenthèses de sérénité sont essentielles pour apaiser notre anxiété et retrouver notre équilibre intérieur. Le mode de vie chat nous enseigne également l'art du jeu et de l'exploration curieuse.

Malgré leur réputation d'animaux indépendants et parfois distants, les chats sont en réalité de grands joueurs, toujours prêts à partir à l'aventure ou à se lancer dans une partie de chasse improvisée avec leur jouet préféré. Ces moments de jeu ne sont pas seulement une source de divertissement pour eux, mais aussi une façon de stimuler leur intellect, de renforcer leur agilité physique et de décharger leurs émotions.

En les observant bondir, se contorsionner et inventer mille et une acrobaties, nous pouvons prendre conscience de l'importance du jeu et de la créativité dans notre propre vie. Trop souvent, en tant qu'adultes, nous avons tendance à délaisser ces activités ludiques, à les considérer comme futiles ou réservées aux enfants.

Pourtant, le jeu est un formidable outil pour réduire notre stress, stimuler notre imagination et injecter de la légèreté dans notre quotidien. En nous inspirant de la curiosité et de l'enthousiasme de nos compagnons félins, nous pouvons réapprendre à explorer notre environnement avec un regard neuf, à nous émerveiller des petits détails du quotidien et à laisser libre cours à notre créativité.

Que ce soit en nous adonnant à un passe-temps artistique, en pratiquant un sport ou une activité physique plaisante, ou simplement en abordant nos tâches quotidiennes avec un esprit joueur, ces moments de légèreté sont essentiels pour contrebalancer le sérieux de la vie adulte et apaiser notre anxiété.

Enfin, le mode de vie chat nous invite à cultiver l'art de la présence attentive et de la pleine conscience. Nos compagnons félins ont cette capacité fascinante à être totalement absorbés par l'instant présent, que ce soit en savourant leur repas, en se délectant d'une séance de toilettage ou en observant intensément un oiseau par la fenêtre.

Cette qualité de présence, cette attention portée à l'expérience immédiate sans se laisser distraire par les pensées ou les préoccupations, est une véritable leçon de pleine conscience pour nous, humains, si souvent perdus dans le labyrinthe de notre mental.

En observant nos chats et en nous imprégnant de leur exemple, nous pouvons apprendre à ramener doucement notre attention sur le moment présent, à accueillir nos sensations, nos émotions et nos pensées avec bienveillance et sans jugement. Cette pratique de la présence attentive, au cœur de la méditation de pleine conscience, est un outil précieux pour apaiser notre anxiété, clarifier notre esprit et nous reconnecter à l'essentiel.

Que ce soit en prenant conscience de notre respiration, en savourant pleinement nos repas, en nous concentrant sur nos sensations corporelles pendant une activité physique ou simplement en observant le va-et-vient de nos pensées sans nous y attacher, la pleine conscience nous aide à prendre du recul sur nos ruminations anxieuses et à cultiver un sentiment de paix intérieure.

Bien sûr, adopter le rythme de vie tranquille du chat ne signifie pas pour autant renoncer à nos responsabilités ou à nos engagements. Il ne s'agit pas de passer nos journées à dormir ou à jouer, mais plutôt d'intégrer dans notre quotidien des moments réguliers de pause, de repos, de jeu et de présence attentive, à l'image de nos compagnons félins.

En équilibrant ainsi nos périodes d'activité et de repos, en alternant concentration et relaxation, en cultivant la curiosité et la créativité tout en pratiquant la pleine conscience, nous pouvons progressivement transformer notre rapport au stress et à l'anxiété.

Notre système nerveux apprend à se réguler, notre mental s'apaise, notre corps se détend et notre capacité à faire face aux défis du quotidien s'améliore. Adopter le rythme de vie du chat, c'est finalement réapprendre à vivre en harmonie avec nos besoins profonds, à respecter nos rythmes naturels et à cultiver une relation plus douce et bienveillante avec nous-mêmes.

C'est accepter que nous ne sommes pas des machines conçues pour fonctionner en continu, mais des êtres vivants qui ont besoin de temps pour se ressourcer, digérer leurs expériences et s'épanouir. En nous reconnectant ainsi à notre nature profonde, en nous accordant les mêmes soins attentifs et la même douceur que nous prodiguons à nos chats, nous pouvons petit à petit apaiser notre anxiété et retrouver un sentiment de sérénité et de bien-être durable.

Le chemin peut être long et parfois sinueux, mais chaque pas, chaque instant de présence et de douceur envers nous-mêmes est une victoire sur le stress et un pas de plus vers une vie apaisée et épanouie, à l'image de celle de nos sages compagnons félins.

Chapitre 15 : Les races de chats les plus adaptées

Dans les chapitres précédents, nous avons exploré en profondeur le lien merveilleux qui unit les humains et les chats, et comment ces adorables compagnons peuvent devenir de véritables alliés thérapeutiques dans notre lutte contre l'anxiété.

Nous avons découvert que leur présence apaisante, leur affection inconditionnelle et leur mode de vie serein peuvent nous inspirer et nous guider vers une existence plus équilibrée et moins stressante. Mais tous les chats ne sont pas égaux lorsqu'il s'agit d'apaiser notre anxiété.

Certaines races félines sont particulièrement adaptées pour nous accompagner dans cette quête de sérénité, grâce à leur tempérament doux, leur nature affectueuse et leur capacité à créer un lien profond avec leurs humains.

Dans ce chapitre, nous allons explorer ensemble 5 races de chats qui se distinguent par leur aptitude naturelle à apaiser l'anxiété de leurs compagnons humains. Nous découvrirons leurs caractéristiques uniques, leur personnalité attachante et les raisons qui font d'eux des thérapeutes félins hors pair.

Mais avant de plonger dans le monde fascinant des races de chats anti-stress, il est important de garder à l'esprit que chaque chat est unique, avec sa propre personnalité et ses propres besoins. Si les caractéristiques générales d'une race peuvent nous guider dans notre choix, c'est avant tout la connexion individuelle que nous tissons avec notre compagnon félin qui fera de lui notre allié le plus précieux contre l'anxiété.

Le Persan, douceur et sérénité incarnées

Le chat Persan, avec sa fourrure soyeuse, son regard doux et son allure majestueuse, est souvent considéré comme l'archétype du chat de salon. Mais au-delà de son apparence distinguée, le Persan possède un tempérament exceptionnellement calme et affectueux qui en fait un compagnon idéal pour les personnes souffrant d'anxiété.

Connu pour sa nature tranquille et posée, le Persan apprécie les moments de calme et de relaxation. Il se plaît à passer de longues heures lovées sur les genoux de son humain préféré, offrant réconfort et apaisement par sa simple présence. Son ronronnement doux et régulier agit comme une véritable thérapie sonore, apaisant le cœur et l'esprit.

Le Persan est également réputé pour sa patience et sa tolérance. Il s'adapte facilement aux différents environnements et modes de vie, ce qui en fait un compagnon idéal pour les personnes vivant en appartement ou ayant un rythme de vie plus sédentaire.

Sa nature douce et peu exigeante convient parfaitement aux personnes qui recherchent une présence rassurante sans trop d'agitation. Bien sûr, le Persan demande un entretien régulier de sa magnifique fourrure pour éviter les nœuds et les problèmes de peau.

Mais pour de nombreux propriétaires, ces moments de brossage sont aussi l'occasion de tisser un lien privilégié avec leur chat, tout en pratiquant une activité apaisante et méditative.

Le Siamois, un compagnon vocal et intuitif

Le Siamois, avec ses yeux bleus perçants et sa silhouette élégante, est une race de chat connue pour son intelligence vive et sa nature curieuse. Mais ce que l'on sait moins, c'est que le Siamois possède également une incroyable capacité à percevoir et à répondre aux émotions de ses humains, en faisant un allié précieux dans la gestion de l'anxiété.

Le Siamois est un chat très vocal, qui aime communiquer avec ses humains par le biais de miaulements expressifs et variés. Cette aptitude à "parler" crée une véritable complicité avec son compagnon humain, lui permettant d'exprimer ses besoins et ses émotions.

Pour une personne anxieuse, avoir un chat qui "répond" et interagit peut-être incroyablement réconfortant et rassurant. Mais le Siamois ne se contente pas de parler, il sait aussi écouter et percevoir les émotions de son humain avec une grande acuité.

Grâce à son intuition développée, il est capable de détecter les signes de stress ou d'anxiété et d'adapter son comportement en conséquence, offrant réconfort et soutien par sa présence attentive. Le Siamois est également un chat très affectueux et loyal, qui s'attache profondément à son compagnon humain.

Il apprécie les moments de tendresse et de jeu partagés, créant ainsi une relation basée sur la confiance et la complicité. Pour une personne anxieuse, savoir qu'elle peut compter sur l'amour inconditionnel de son chat est une source inestimable de réconfort et de sécurité émotionnelle.

Il est vrai que le Siamois a besoin de stimulation mentale et d'interaction régulière pour s'épanouir pleinement. Mais pour de nombreuses personnes souffrant d'anxiété, cette nécessité de s'occuper et de jouer avec leur chat peut être une véritable thérapie en soi, les aidant à se concentrer sur le moment présent et à se détourner de leurs pensées anxieuses.

Le Maine Coon, un géant au cœur tendre

Le Maine Coon, avec sa taille imposante et son allure majestueuse, peut sembler intimidant au premier abord. Mais derrière cette apparence de grand félin se cache un cœur tendre et une nature profondément affectueuse qui en font un compagnon idéal pour apaiser l'anxiété.

Malgré sa taille, le Maine Coon est connu pour sa douceur et sa patience. C'est un chat qui apprécie la compagnie de ses humains et qui aime participer à leurs activités quotidiennes. Sa présence calme et rassurante agit comme un véritable baume pour les personnes anxieuses, leur offrant un sentiment de sécurité et de protection.

Le Maine Coon est également réputé pour son tempérament adaptable et sa capacité à s'intégrer harmonieusement dans différents environnements familiaux. Il s'entend généralement bien avec les enfants et les autres animaux de compagnie, créant ainsi une atmosphère apaisante et chaleureuse dans le foyer.

Mais ce qui rend le Maine Coon si spécial pour les personnes souffrant d'anxiété, c'est sa capacité à offrir un soutien émotionnel par le simple fait d'être présent. Avec sa nature intuitive et empathique, il semble percevoir instinctivement quand son humain a besoin de réconfort, et n'hésite pas à offrir câlins et ronronnements apaisants.

Le Maine Coon est aussi un chat joueur et interactif, qui apprécie les moments de jeu et d'exploration avec son compagnon humain. Ces activités partagées sont autant d'occasions de renforcer le lien et la complicité, tout en offrant une distraction bienvenue aux pensées anxieuses.

Bien sûr, comme tout chat à poil long, le Maine Coon demande un entretien régulier de sa fourrure pour éviter les nœuds et les problèmes de peau. Mais ces moments de brossage sont aussi l'occasion de tisser une relation privilégiée avec son chat, tout en pratiquant une activité apaisante et relaxante.

Le Ragdoll, une douceur absolue

Le Ragdoll, avec son allure de peluche géante et son tempérament d'une douceur incomparable, est souvent décrit comme un chat "chien" en raison de son caractère affectueux et de sa tendance à suivre son humain partout dans la maison. Mais c'est précisément cette nature aimante et loyale qui en fait un compagnon idéal pour les personnes souffrant d'anxiété.

Le Ragdoll est réputé pour son calme et sa patience à toute épreuve. C'est un chat qui supporte très bien la manipulation et qui adore les câlins, pouvant rester pendant de longues minutes dans les bras de son humain préféré. Cette propension au contact physique en fait un véritable "chat thérapeutique", dont la présence douce et rassurante peut aider à apaiser les crises d'angoisse et à réduire le stress.

Mais le Ragdoll n'est pas seulement un "chat câlin". C'est aussi un compagnon de jeu attendrissant, qui garde une âme de chaton tout au long de sa vie. Avec sa curiosité tranquille et sa capacité à s'amuser avec le moindre objet, il invite son humain à cultiver la légèreté et à s'ancrer dans l'instant présent, loin des ruminations anxieuses.

Le Ragdoll est également connu pour son intelligence et sa capacité à communiquer ses besoins et ses émotions. Avec ses miaulements doux et ses regards expressifs, il crée un véritable dialogue avec son humain, renforçant ainsi le lien affectif et la complicité apaisante.

Pour les personnes anxieuses qui ont parfois du mal à décoder les signaux sociaux, cette communication claire et bienveillante peut être un véritable baume au cœur. Enfin, le Ragdoll est un chat qui s'adapte à merveille à la vie en intérieur et qui apprécie la tranquillité d'un foyer douillet.

Sa présence rassurante et son énergie paisible contribuent à faire de la maison un véritable havre de paix, où il fait bon se ressourcer loin du tumulte et des angoisses du monde extérieur.

Le Sacré de Birmanie, un compagnon zen et intuitif

Le Sacré de Birmanie, avec son allure mystique et son regard saphir intense, est un chat à la personnalité unique, qui semble avoir été façonné pour devenir le parfait compagnon des âmes sensibles et des cœurs anxieux. Derrière son apparence de diva énigmatique se cache en réalité une nature profondément affectueuse et intuitive, qui en fait un véritable "chat thérapeute".

Le Sacré de Birmanie est réputé pour son tempérament calme et posé, empreint d'une sérénité presque mystique. C'est un chat qui apprécie les moments de quiétude et de contemplation, pouvant rester de longues heures à méditer près de son humain ou à observer le monde de son regard sage.

Cette présence apaisante, cette "zénitude" contagieuse, peut-être d'un grand réconfort pour les personnes souffrant d'anxiété chronique. Mais le Sacré de Birmanie n'est pas un chat distant ou indifférent pour autant. Au contraire, c'est un compagnon très affectueux, qui adore les câlins et les moments de tendresse partagée.

Avec sa sensibilité à fleur de peau et son intuition remarquable, il sait percevoir les émotions de son humain et y répondre avec une empathie touchante. Lorsque l'anxiété submerge, il est souvent le premier à venir offrir réconfort et douceur, comme s'il comprenait instinctivement la détresse de son compagnon.

Cette capacité à "lire" les émotions et à y répondre de manière adaptée fait du Sacré de Birmanie un véritable soutien affectif pour les personnes anxieuses. Sa présence rassurante, son affection inconditionnelle et sa capacité à apaiser les cœurs troublés en font un allié précieux sur le chemin de la guérison émotionnelle.

Le Sacré de Birmanie est également un chat très interactif et communicatif, qui apprécie les échanges avec son humain. Avec ses miaulements mélodieux et ses regards expressifs, il crée un véritable dialogue affectif, renforçant ainsi le lien et la complicité. Pour les personnes anxieuses qui ont parfois tendance à se replier sur elles-mêmes, cette invitation constante à l'interaction peut être une véritable bouffée d'oxygène.

Enfin, le Sacré de Birmanie est un chat qui s'épanouit dans un environnement calme et harmonieux, loin du stress et de l'agitation. Sa présence contribue à faire du foyer un véritable sanctuaire de paix et de sérénité, où il fait bon se ressourcer et laisser ses angoisses à la porte.

Avec son tempérament zen et sa douceur enveloppante, il invite son humain à cultiver la pleine conscience et à savourer la beauté des petits instants suspendus. Bien sûr, chaque chat est unique, et même au sein d'une même race, les personnalités peuvent varier de manière significative.

Certains Persans seront plus joueurs et extravertis, tandis que d'autres préféreront les câlins tranquilles. Certains Siamois seront de véritables "pots de colle", alors que d'autres se montreront plus indépendants. L'essentiel est de choisir un chat dont le tempérament et les besoins sont en adéquation avec votre mode de vie et votre personnalité.

Un chat trop demandeur pourra être une source de stress supplémentaire pour une personne anxieuse qui a besoin de calme et de solitude, tandis qu'un chat trop indépendant pourra renforcer le sentiment d'isolement d'une personne en quête de compagnie. Il est donc crucial de prendre le temps de bien vous renseigner sur les caractéristiques de chaque race, mais aussi de rencontrer plusieurs chats avant de faire votre choix.

N'hésitez pas à passer du temps avec eux, à observer leur comportement et à écouter votre ressenti. La relation humain-chat est avant tout une histoire de feeling et de compatibilité émotionnelle. Mais quelle que soit la race de votre compagnon félin, l'essentiel est de créer avec lui une relation basée sur la confiance, le respect et la complicité.

C'est la qualité de ce lien unique qui fera de votre chat un véritable partenaire de vie, un allié précieux sur le chemin de l'apaisement et du bien-être émotionnel. Alors, prêt à trouver le compagnon félin de vos rêves ? Ouvrez grand votre cœur et laissez-vous guider par votre instinct.

Votre chat d'âme, celui qui saura apaiser vos angoisses et illuminer votre vie de sa présence douce et rassurante, vous attend peut-être déjà dans un refuge ou chez un éleveur. Et si vous avez déjà la chance de partager votre vie avec un félin, quel qu'il soit, chérissez chaque instant de cette merveilleuse relation thérapeutique.

Apprenez à décoder ses signaux affectifs, à répondre à ses besoins, à créer avec lui une bulle de complicité et de sérénité. Jour après jour, ronron après ronron, laissez la magie féline opérer et vous guider vers une vie plus douce et apaisée. Votre chat sera toujours là pour vous rappeler que vous n'êtes pas seul face à vos angoisses, et que le réconfort et la douceur sont à portée de patte.

Ensemble, vous apprivoiserez vos peurs comme vous avez apprivoisé votre compagnon à quatre pattes : avec patience, bienveillance et amour.

Chapitre 16 : Aménager un environnement félin

Dans les chapitres précédents, nous avons exploré en profondeur le lien merveilleux qui unit les humains et les chats, et comment ces adorables compagnons peuvent devenir de véritables alliés thérapeutiques dans notre lutte contre l'anxiété.

Nous avons découvert que leur présence apaisante, leur ronronnement relaxant et leur affection inconditionnelle peuvent avoir un impact significatif sur notre bien-être mental et émotionnel. Mais pour que cette magie opère pleinement, il est essentiel d'offrir à nos compagnons félins un environnement adapté à leurs besoins, où ils se sentent en sécurité, épanouis et choyés.

Car un chat heureux et détendu sera d'autant plus disposé à nous apporter réconfort et sérénité au quotidien. Dans ce chapitre, nous allons explorer comment aménager notre intérieur pour en faire un véritable havre de paix félin, propice à l'apaisement de nos angoisses.

Créer un cocon douillet pour votre chat La première étape pour créer un environnement apaisant pour votre chat est de lui offrir un espace qui lui est dédié, où il pourra se retirer en toute tranquillité lorsqu'il a besoin de calme et de solitude. Les chats sont des animaux territoriaux qui apprécient d'avoir leur propre "zone de confort", un endroit où ils se sentent en sécurité et protégés.

Cet espace peut prendre la forme d'un confortable panier douillet, d'un arbre à chat avec une cabane intégrée, ou même d'une simple boîte en carton garnie d'un coussin moelleux. L'essentiel est que votre chat puisse s'y réfugier à tout moment, à l'abri de l'agitation du foyer et des sollicitations extérieures.

Placez ce cocon dans un endroit calme de la maison, à l'écart des zones de passage et des sources de bruit. Un coin de chambre, un recoin tranquille du salon ou même un espace dans une armoire entrouverte peuvent faire l'affaire. Veillez à ce que ce lieu soit facilement accessible pour votre chat, mais aussi légèrement surélevé : les chats adorent avoir une vue en hauteur sur leur environnement, cela renforce leur sentiment de sécurité.

Vous pouvez agrémenter cet espace avec des objets réconfortants pour votre chat, comme un plaid imprégné de votre odeur, un jouet préféré ou même un diffuseur de phéromones apaisantes. L'idée est de créer une bulle de douceur et de sérénité, où votre chat pourra se ressourcer et se détendre en toute quiétude.

Aménager des zones de repos et d'observation en hauteur Les chats sont des grimpeurs nés, qui adorent explorer leur environnement depuis les hauteurs. Avoir accès à des perchoirs surélevés leur permet de satisfaire ce besoin naturel, tout en leur offrant un sentiment de sécurité et de contrôle sur leur territoire.

C'est pourquoi il est si important d'aménager des zones de repos et d'observation en hauteur pour votre félin. L'option la plus évidente est d'investir dans un ou plusieurs arbres à chat, ces structures recouvertes de moquette ou de sisal qui offrent à votre compagnon de multiples plateformes pour grimper, se percher et faire ses griffes.

Choisissez un modèle stable et de qualité, avec des plateformes suffisamment grandes et confortables pour que votre chat puisse s'y prélasser pendant de longues heures. Placez l'arbre à chat près d'une fenêtre, pour que votre félin puisse profiter de la vue sur l'extérieur et de la lumière naturelle.

Vous pouvez aussi l'agrémenter de jouets suspendus, de cachettes douillettes et même d'un point de vue sur sa gamelle, pour satisfaire son instinct de prédateur. Mais les arbres à chat ne sont pas la seule option pour créer des zones de repos en hauteur.

Vous pouvez aussi installer des étagères murales recouvertes de coussins, aménager un coin tranquille sur le haut d'une armoire ou même fixer un hamac pour chat près d'une source de chaleur.

L'idée est d'offrir à votre compagnon de multiples points de vue surélevés, où il pourra se détendre et observer son royaume en toute sérénité.

N'oubliez pas de prévoir des points d'accès faciles et sécurisés vers ces perchoirs, comme des rampes, des escaliers ou même de simples coussins posés en marches d'escalier. Et si votre chat est âgé ou a des problèmes de mobilité, veillez à ce que ces zones soient facilement accessibles et équipées de surfaces antidérapantes.

Offrir des espaces de jeu et d'exploration stimulants Un chat heureux est un chat qui peut exprimer pleinement ses instincts naturels de chasseur et d'explorateur. En lui offrant des espaces de jeu et d'exploration stimulants, vous l'aiderez à évacuer son énergie et ses tensions, tout en renforçant votre lien complice à travers des moments de partage et de complicité.

Commencez par aménager une zone de jeu dédiée, avec une sélection de jouets variés et adaptés aux préférences de votre chat. Les classiques comme les souris en peluche, les balles à grelot ou les jouets à plumes sont toujours appréciés, mais n'hésitez pas à varier les textures, les formes et les modes de jeu pour maintenir l'intérêt de votre félin.

Vous pouvez aussi créer vos propres jouets avec des objets du quotidien, comme une simple ficelle, une boîte en carton trouée ou même une feuille de papier froissée. L'important est de stimuler la curiosité et l'instinct de chasse de votre chat, en lui proposant des jouets qui bougent, qui se cachent et qui représentent un défi amusant.

Pensez également à intégrer des éléments d'exploration dans votre intérieur, comme des tunnels en tissu, des sacs en papier ou des boîtes en carton empilées façon labyrinthe. Les chats adorent se faufiler dans des espaces étroits, se cacher et surgir par surprise.

En leur offrant de multiples opportunités de jeu et de découverte, vous les aiderez à satisfaire leur besoin d'aventure tout en créant une atmosphère ludique et détendue dans votre foyer. N'oubliez pas de renouveler régulièrement les jouets et les configurations de jeu, pour maintenir l'intérêt de votre chat et éviter la lassitude.

Vous pouvez aussi impliquer votre félin dans des séances de jeu interactif, en utilisant des jouets au bout d'une canne à pêche ou un pointeur laser pour stimuler son instinct de poursuite. Ces moments de complicité sont précieux pour renforcer votre lien et apporter une dose de joie et de légèreté dans votre quotidien.

Créer des coins de repos douillets à travers la maison Les chats passent une grande partie de leur temps à dormir et à se reposer, c'est pourquoi il est essentiel de leur offrir de multiples coins douillets et confortables à travers la maison.

En plus de leur cocon principal, aménagez des zones de repos variées et accueillantes, où votre félin pourra se prélasser et se détendre à sa guise. Les chats adorent les espaces confinés et rassurants, qui leur rappellent la sécurité de leur panier. Pensez à installer des couchettes douillettes dans des endroits calmes et protégés, comme un coin de canapé, un fauteuil moelleux ou même un simple coussin posé sur une étagère.

Vous pouvez aussi créer des cachettes accueillantes en détournant des objets du quotidien, comme une valise vintage ouverte garnie d'un plaid, un panier en osier rembourré ou même une grande jardinière remplie de coussins. N'hésitez pas à disséminer ces coins de repos à différents endroits de la maison, en variant les ambiances et les expositions.

Certains chats préfèrent les zones ensoleillées et chaudes, d'autres les recoins frais et ombragés. En offrant une variété d'options, vous permettrez à votre félin de choisir l'endroit idéal en fonction de son humeur et de ses besoins du moment. Veillez à ce que ces couchettes soient toujours propres, confortables et accueillantes.

Garnissez-les de plaids douillets, de coussins moelleux et même de petits jouets réconfortants. Vous pouvez aussi y déposer un vêtement imprégné de votre odeur, pour que votre chat se sente rassuré et en sécurité même lorsque vous n'êtes pas là.

En créant ces multiples havres de repos à travers votre intérieur, vous offrez à votre chat un environnement chaleureux et réconfortant, propice à la détente et à l'apaisement. Et quoi de plus apaisant que de voir votre félin adoré ronronner de bonheur, lovée dans un coin douillet spécialement aménagé pour lui ?

Créer des espaces de toilette discrets et confortables Un autre aspect essentiel pour créer un environnement apaisant pour votre chat est de lui fournir des espaces de toilette adaptés à ses besoins. Les chats sont des créatures très propres et exigeantes en matière d'hygiène, et un bac à litière mal entretenu ou mal placé peut être une source de stress et de frustration pour eux.

Commencez par choisir un bac à litière de la bonne taille, suffisamment grand pour que votre chat puisse s'y retourner et creuser confortablement. Optez pour un modèle avec des bords hauts si votre chat a tendance à projeter la litière, ou un modèle couvert si vous préférez contenir les odeurs et offrir plus d'intimité à votre félin.

Placez le bac à litière dans un endroit calme et facilement accessible, à l'écart des zones de passage et de l'agitation du foyer. Les chats apprécient d'avoir une certaine intimité lorsqu'ils font leurs besoins, alors évitez de mettre la litière à côté de leur gamelle ou dans un endroit trop exposé.

Si vous avez plusieurs chats, prévoyez au moins un bac à litière par chat, plus un supplémentaire. Les chats peuvent être territoriaux en ce qui concerne leurs espaces de toilette, et avoir suffisamment de bacs à litière répartis dans la maison peut aider à réduire les conflits et le stress.

Veillez à nettoyer régulièrement le bac à litière, au moins une fois par jour, pour éliminer les déjections et les odeurs. Les chats sont très sensibles aux odeurs et peuvent refuser d'utiliser une litière sale, ce qui peut conduire à des accidents ailleurs dans la maison.

Utilisez un nettoyant enzymatique spécial pour éliminer complètement les odeurs, et remplacez entièrement la litière toutes les deux à trois semaines. Vous pouvez aussi envisager d'utiliser différents types de litière dans chaque bac, comme des granulés de bois, des cristaux de silice ou de la litière végétale, pour voir celle que votre chat préfère.

Certains chats peuvent être sensibles à la texture ou à l'odeur de leur litière, alors n'hésitez pas à expérimenter jusqu'à trouver celle qui convient le mieux à votre compagnon. Enfin, pensez à placer un tapis ou un paillasson devant chaque bac à litière, pour recueillir les éventuelles projections de litière et garder les pattes de votre chat propres.

Vous pouvez aussi installer une petite fontaine à eau à proximité, pour encourager votre chat à boire suffisamment et à maintenir un bon niveau d'hydratation, essentiel pour sa santé urinaire. Intégrer des éléments naturels et apaisants Pour créer un véritable havre de paix félin chez vous, pensez à intégrer des éléments naturels et apaisants dans votre décoration intérieure.

Les chats sont profondément connectés à la nature et apprécient la présence de végétaux, de matières organiques et de lumière naturelle dans leur environnement. Commencez par ajouter des plantes d'intérieur non toxiques pour les chats, comme l'herbe à chat, la cataire, la fougère de Boston ou la palme de bambou.

Ces plantes offrent à votre chat un coin de verdure où se prélasser, se cacher et même grignoter sans danger. Veillez à les placer hors de portée si votre chat a tendance à les déterrer ou à les mâchouiller excessivement. Vous pouvez aussi créer un petit jardin d'intérieur spécialement conçu pour votre chat, avec différents niveaux, des cachettes, des plateformes et même un point d'eau.

Utilisez des matériaux naturels comme le bois, l'osier, le jute ou le bambou pour les structures, et garnissez-les de coussins douillets et de couvertures confortables. Pensez également à offrir à votre chat des points d'observation près des fenêtres, pour qu'il puisse profiter de la lumière naturelle et observer le monde extérieur en toute sérénité.

Installez un arbre à chat près d'une fenêtre, un hamac ou une étagère surélevée avec une vue dégagée, pour que votre félin puisse se prélasser au soleil et surveiller son territoire en toute quiétude. Vous pouvez aussi utiliser des diffuseurs d'huiles essentielles apaisantes et sans danger pour les chats, comme la lavande, la camomille ou la valériane, pour créer une atmosphère relaxante et propice à la détente.

Veillez cependant à choisir des huiles de qualité thérapeutique et à suivre les recommandations d'utilisation pour éviter tout risque d'irritation ou de toxicité pour votre chat. Enfin, n'oubliez pas l'importance des bruits apaisants et de la musique douce pour créer une ambiance sereine et réconfortante pour votre félin.

Les ronronnements, les bruits de la nature comme le chant des oiseaux ou le ruissellement de l'eau, ou encore les mélodies spécialement conçues pour apaiser les chats peuvent être diffusés à bas volume pour favoriser la relaxation et le bien-être de votre compagnon. Aménager des zones de repos en hauteur

Comme nous l'avons vu précédemment, les chats adorent les hauteurs et ont besoin de points d'observation surélevés pour se sentir en sécurité et surveiller leur environnement. En plus des arbres à chat et des étagères murales, pensez à aménager d'autres zones de repos en hauteur pour votre félin, en utilisant l'espace vertical de votre intérieur de manière créative.

Les rebords de fenêtre sont souvent des spots très appréciés des chats, qui aiment s'y prélasser au soleil et observer le monde extérieur. Vous pouvez y installer un coussin ou un panier douillet, en veillant à ce qu'il soit bien stable et sécurisé. Si votre fenêtre ne possède pas de rebord, vous pouvez fixer une petite étagère ou un hamac spécialement conçu pour les chats.

Les meubles hauts comme les armoires, les bibliothèques ou les réfrigérateurs peuvent aussi être détournés en zones de repos pour votre chat, en y plaçant un coussin ou un petit panier. Veillez cependant à ce que ces espaces soient facilement accessibles et sûrs pour votre félin, en prévoyant des points d'appui stables et des rampes si nécessaire.

Vous pouvez également créer des passerelles et des ponts suspendus entre les différents meubles et étagères de votre intérieur, pour offrir à votre chat tout un parcours en hauteur où il pourra se promener, explorer et se reposer en toute liberté. Utilisez des étagères flottantes, des planches de bois ou des structures en corde pour relier les différents points hauts de chaque pièce.

Si vous avez des compétences en bricolage, vous pouvez même construire un véritable mur d'escalade pour chat, avec différents niveaux, des plateformes, des cachettes et des obstacles à franchir. Utilisez des matériaux robustes et sûrs, comme du contreplaqué, des tapis en sisal ou des cordes solides, et fixez solidement la structure au mur.

N'oubliez pas de garnir ces différentes zones de repos en hauteur avec des couvertures douces, des coussins moelleux et même des jouets pour encourager votre chat à les utiliser. Vous pouvez aussi y placer des griffoirs en carton ou en sisal pour que votre félin puisse faire ses griffes sans endommager vos meubles.

En aménageant ces espaces en hauteur spécialement conçus pour votre chat, vous lui offrez de multiples opportunités de grimper, de sauter, de se cacher et de se reposer dans un environnement stimulant et sécurisant. Votre félin pourra ainsi exprimer pleinement ses instincts naturels tout en se sentant parfaitement intégré à votre intérieur douillet.

Chapitre 17 : Le chat, un allié pour mieux dormir

L'insomnie, ce trouble du sommeil qui affecte tant de personnes, peut être particulièrement éprouvante lorsqu'elle est associée à l'anxiété. Les nuits deviennent un champ de bataille où les pensées s'affolent, où le repos semble inaccessible. Mais saviez-vous qu'un allié inattendu peut vous aider à retrouver le chemin d'un sommeil serein ?

Votre compagnon félin, avec sa présence apaisante et ses ronronnements relaxants, peut devenir un véritable partenaire dans votre quête d'un repos réparateur. Dans ce chapitre, nous explorerons comment votre chat peut vous aider à mieux dormir et à apaiser votre insomnie anxieuse.

Nous découvrirons les mécanismes fascinants qui se cachent derrière le pouvoir apaisant des chats, et comment en tirer le meilleur parti pour retrouver des nuits sereines. Préparez-vous à plonger dans l'univers merveilleux de la ronronthérapie et à découvrir comment votre doux compagnon peut devenir votre meilleur allié contre l'insomnie. Le pouvoir apaisant du ronronnement félin

Le ronronnement du chat est bien plus qu'un simple son agréable à l'oreille. C'est une véritable mélodie thérapeutique qui peut avoir un impact profond sur notre bien-être physique et émotionnel. Les scientifiques ont découvert que les fréquences sonores émises par le ronronnement du chat, généralement comprises entre 25 et 150 Hz, correspondent précisément aux fréquences utilisées dans les thérapies par les sons pour favoriser la guérison des tissus et la réduction du stress.

Lorsque votre chat se blottit contre vous et se met à ronronner, son corps vibre à ces fréquences apaisantes. Ces vibrations douces se propagent à votre propre corps, stimulant la production d'endorphines, les hormones du bien-être. Progressivement, vous sentez votre tension musculaire se relâcher, votre rythme cardiaque ralentir et votre respiration devenir plus profonde et régulière.

Le ronronnement agit comme une berceuse naturelle, vous aidant à vous détendre et à glisser doucement vers le sommeil. Mais les bienfaits du ronronnement ne s'arrêtent pas là. Des études ont montré que le fait d'écouter un enregistrement de ronronnement de chat pendant 20 minutes peut significativement réduire les symptômes d'anxiété et améliorer la qualité du sommeil chez les personnes souffrant d'insomnie.

Le son apaisant du ronronnement agit comme un ancrage, détournant votre attention des pensées anxiogènes et vous aidant à vous recentrer sur l'instant présent. Alors, la prochaine fois que votre chat viendra se lover contre vous en ronronnant, prenez le temps de savourer ce moment.

Fermez les yeux, concentrez-vous sur le son apaisant et les douces vibrations, et laissez-vous porter par cette mélodie naturelle vers un sommeil réparateur. La présence rassurante du chat dans la chambre Au-delà du ronronnement, la simple présence de votre chat dans votre chambre peut avoir un effet apaisant et sécurisant.

Pour de nombreuses personnes souffrant d'insomnie anxieuse, la nuit peut être un moment de solitude et d'isolement, où les peurs et les inquiétudes semblent amplifiées. Avoir un compagnon félin à ses côtés peut aider à apaiser ce sentiment de vulnérabilité et à se sentir moins seul face à ses angoisses nocturnes.

Votre chat, avec sa présence douce et rassurante, peut devenir un véritable point d'ancrage émotionnel. Sa respiration paisible, ses mouvements délicats, sa chaleur réconfortante sont autant de rappels tangibles que vous n'êtes pas seul, que vous êtes en sécurité et entouré d'affection.

Pour de nombreuses personnes, le simple fait de savoir que leur chat est là, blotti au pied du lit ou lové sur l'oreiller à côté, suffit à apaiser l'esprit et à favoriser un sentiment de calme et de sérénité propice à l'endormissement. Certains chats semblent même avoir un don pour détecter lorsque leur humain est stressé ou anxieux.

Ils viendront alors spontanément se coller contre vous, vous offrant leur présence apaisante et leur soutien silencieux. Ce lien unique qui vous unit, cette complicité indicible, peut être un puissant remède contre l'insomnie anxieuse. Vous vous sentez compris, accepté, réconforté, et cela peut faire toute la différence dans votre capacité à lâcher prise et à vous abandonner au sommeil.

Bien sûr, pour profiter pleinement des bienfaits apaisants de la présence féline, il est important de s'assurer que votre chat est lui-même serein et détendu. Un chat stressé ou agité aura du mal à vous transmettre un sentiment de calme. Veillez donc à ce que votre compagnon se sente en sécurité dans votre chambre, qu'il ait accès à ses jouets, à son griffoir, à son arbre à chat si nécessaire.

Créez pour lui un environnement paisible et confortable, afin qu'il puisse pleinement jouer son rôle d'acolyte apaisant. N'hésitez pas non plus à ritualiser ce moment de présence féline dans votre routine du coucher. Appelez doucement votre chat, invitez-le à vous rejoindre sur le lit, prenez quelques minutes pour le caresser, pour échanger un moment de tendresse et de complicité.

Ces petits rituels rassurants, associés à la présence apaisante de votre compagnon, peuvent vous aider à aborder la nuit avec plus de sérénité et à glisser plus facilement vers un sommeil réparateur. Bien sûr, chaque chat a sa propre personnalité et ses préférences.

Certains adoreront dormir collés à vous toute la nuit, d'autres préféreront leur propre espace et viendront simplement vous faire un petit coucou de temps en temps. Respectez le rythme et les besoins de votre compagnon, et appréciez sa présence rassurante sous quelque forme qu'elle se manifeste.

L'essentiel est de cultiver cette connexion unique qui vous unit, et de laisser la magie apaisante de la présence féline opérer. Alors, si vous souffrez d'insomnie anxieuse, n'hésitez pas à inviter votre doux compagnon dans votre espace de sommeil.

Laissez-le vous apaiser de sa présence rassurante, de sa chaleur réconfortante, de son affection inconditionnelle. Ensemble, nuit après nuit, vous apprivoiserez vos angoisses et retrouverez le chemin d'un sommeil serein et réparateur.

Le rituel apaisant du coucher partagé avec son chat Au-delà de la simple présence réconfortante de votre chat dans la chambre, instaurer un véritable rituel du coucher avec lui peut être un puissant allié contre l'insomnie anxieuse. Les rituels ont un effet rassurant et apaisant sur notre cerveau, car ils créent un sentiment de prévisibilité et de sécurité.

En associant votre moment de détente avant le coucher à un moment privilégié avec votre chat, vous ancrez ce rituel dans une bulle de douceur et de complicité. Commencez par créer un environnement propice à la détente dans votre chambre. Tamisez les lumières, diffusez éventuellement une musique douce ou des bruits apaisants, comme le son de la pluie ou des vagues.

Assurez-vous que la litière et les gamelles de votre chat sont propres et accessibles, pour éviter les interruptions nocturnes. Puis, prenez le temps de vous connecter à votre chat avant de vous glisser sous la couette. Passez un moment à le caresser, à jouer doucement avec lui, à échanger des regards complices.

Laissez la douceur de son pelage et la chaleur de son corps vous apaiser et vous ancrer dans l'instant présent. Vous pouvez même pratiquer quelques exercices de respiration ou de relaxation en sa compagnie. Synchronisez votre souffle avec le sien, imaginez que vous inspirez son calme et sa sérénité.

Concentrez-vous sur les sensations de bien-être que sa présence vous procure, et laissez-les vous envelopper comme une douce couverture. Si votre chat est réceptif, vous pouvez aussi le masser délicatement, en effectuant des mouvements circulaires apaisants.

Concentrez-vous sur la texture soyeuse de sa fourrure, sur la chaleur qui émane de son corps. Ce moment de connexion tactile et affective agit comme un baume apaisant sur votre système nerveux, vous aidant à relâcher les tensions de la journée. Vous pouvez même intégrer votre chat à votre rituel de gratitude du soir.

Remerciez-le pour sa présence rassurante, pour son affection inconditionnelle, pour tous les petits moments de bonheur qu'il vous a apportés durant la journée. Cultiver la gratitude envers votre compagnon félin renforce votre lien émotionnel et vous aide à vous concentrer sur les aspects positifs de votre vie, loin des ruminations anxieuses.

Une fois au lit, laissez votre chat trouver sa place près de vous. Certains préfèrent se lover dans le creux de vos bras, d'autres s'installent à vos pieds ou sur l'oreiller à côté de votre tête. Quelle que soit sa position, savourez ce moment de proximité et de complicité, laissez la chaleur de son corps et la douceur de sa respiration vous bercer.

Si les pensées anxieuses surgissent, revenez doucement à la présence de votre chat. Concentrez-vous sur les sensations de bien-être qu'il vous procure, sur la sécurité que vous ressentez à ses côtés. Imaginez que chaque expiration emporte avec elle un peu de vos inquiétudes, et que chaque inspiration vous remplit de la sérénité de votre compagnon félin.

Petit à petit, au fil des nuits partagées, ce rituel apaisant du coucher avec votre chat va s'ancrer dans votre routine et devenir un véritable repère rassurant. Votre cerveau va associer ce moment à un état de détente et de bien-être, facilitant ainsi l'endormissement et un sommeil de qualité.

Bien sûr, chaque chat a ses préférences et ses habitudes. Certains aiment passer toute la nuit lovés contre vous, d'autres préfèrent vaquer à leurs occupations nocturnes et revenir vous voir de temps en temps. Respectez le rythme et les besoins de votre compagnon, et adaptez votre rituel en conséquence.

L'essentiel est de créer un moment de connexion et de complicité avant le coucher, qui vous aide à apaiser votre mental et à vous sentir en sécurité. Avec le temps et la pratique régulière, vous constaterez que la simple perspective de ce doux rituel partagé avec votre chat vous aidera à aborder la nuit avec plus de sérénité.

Votre lit deviendra un véritable cocon de bien-être, un refuge douillet où vous pourrez vous ressourcer en toute quiétude, bercé par la présence apaisante de votre compagnon félin. Fini les nuits d'insomnie passées à ruminer vos angoisses : désormais, vous plongerez dans les bras de Morphée avec le sourire, enveloppé dans la douce étreinte de votre chat ronronnant.

Le chat, un modèle de relaxation et de détente à imiter Nos compagnons félins sont de véritables maîtres dans l'art de la relaxation et de la détente. Ils passent une grande partie de leur journée à dormir, à se prélasser au soleil, à s'étirer langoureusement.

Cette capacité à se détendre et à lâcher prise est l'une des clés de leur sérénité légendaire. En observant attentivement votre chat, vous pouvez apprendre à intégrer certains de ses comportements dans votre propre routine de relaxation, pour mieux gérer votre stress et favoriser un sommeil de qualité.

Lorsque votre chat s'étire de tout son long après une sieste, il ne fait pas seulement preuve de souplesse : il pratique une forme naturelle de yoga qui détend ses muscles et stimule sa circulation. Imitez-le en pratiquant quelques étirements doux avant de vous coucher, en portant votre attention sur chaque partie de votre corps.

Étirez-vous comme si vous vouliez toucher le ciel avec vos mains, puis relâchez doucement en expirant profondément. Sentez vos muscles se détendre, visualisez la tension qui s'évacue de votre corps. Lorsque votre chat se roule en boule pour dormir, il adopte instinctivement une position qui favorise un sentiment de sécurité et de bien-être.

Essayez de reproduire cette position en vous recroquevillant sur le côté, les genoux ramenés vers la poitrine. Placez un oreiller entre vos jambes pour soulager votre dos et vous sentir enveloppé. Cette position fœtale favorise un sentiment de protection et de réconfort, idéal pour apaiser l'anxiété nocturne.

Observez également la respiration de votre chat lorsqu'il est profondément détendu. Vous remarquerez qu'elle est lente, profonde et régulière. Essayez de synchroniser votre propre respiration avec la sienne, en inspirant et en expirant au même rythme.

Cette technique de respiration consciente aide à calmer le système nerveux, à ralentir le rythme cardiaque et à induire un état de relaxation propice au sommeil. Enfin, n'hésitez pas à vous inspirer de la capacité de votre chat à vivre dans l'instant présent, sans se soucier du passé ou de l'avenir.

Lorsque vous êtes couché, concentrez-vous sur les sensations de votre corps en contact avec le matelas, sur le poids rassurant de la couverture sur vous. Portez votre attention sur votre respiration, sur les bruits apaisants de la nuit. Si des pensées anxieuses surgissent, observez-les avec bienveillance et laissez-les passer, comme des nuages dans le ciel.

En intégrant ces petites leçons de relaxation féline dans votre routine du coucher, vous créez progressivement les conditions optimales pour un endormissement serein et un sommeil réparateur. Votre lit devient un véritable havre de paix, où vous pouvez lâcher prise et vous abandonner en toute confiance, à l'image de votre chat se prélassant paisiblement à vos côtés.

Alors, la prochaine fois que l'insomnie vous guette, prenez le temps d'observer votre compagnon félin et de vous imprégner de sa sérénité contagieuse. Étirez-vous comme lui, respirez comme lui, détendez-vous comme lui. Laissez sa présence apaisante vous envelopper, et glissez doucement dans les bras de Morphée, bercé par la douce mélodie de ses ronronnements.

Avec un tel professeur de relaxation à vos côtés, nul doute que vous deviendrez bientôt un véritable maître dans l'art de dormir comme un chat. Et qui sait, peut-être vous surprendrez-vous même à ronronner de bien-être sous la couette, apaisé et serein comme jamais.

Chapitre 18 : Nourrir et soigner son chat

Prendre soin de son chat au quotidien : une routine apaisante et gratifiante Nourrir et soigner son chat sont des gestes du quotidien qui peuvent sembler anodins, mais qui recèlent en réalité de nombreux bienfaits insoupçonnés pour notre bien-être émotionnel.

En prenant soin de notre compagnon félin jour après jour, nous instaurons des routines rassurantes et structurantes, qui nous ancrent dans le moment présent et nous aident à cultiver un sentiment d'utilité et de responsabilité. Commençons par l'alimentation.

Choisir une nourriture de qualité adaptée aux besoins spécifiques de notre chat, c'est lui offrir les nutriments essentiels pour sa santé et sa vitalité. Mais c'est aussi une façon de lui témoigner notre affection et notre engagement envers son bien-être. Prendre le temps de lire les étiquettes, de se renseigner sur les différentes options, de consulter son vétérinaire, c'est montrer que la santé de notre compagnon nous tient à cœur.

Le moment des repas devient alors un rituel chaleureux, un point de rencontre privilégié entre nous et notre chat. Voir notre petit félin se régaler avec appétit, ronronner de plaisir devant sa gamelle, c'est une source de satisfaction et de joie partagée. Nous avons le sentiment de contribuer concrètement à son bonheur et à son épanouissement, ce qui renforce notre lien affectif et notre complicité.

Mais nourrir son chat, ce n'est pas seulement remplir sa gamelle. C'est aussi être attentif à ses préférences, à ses habitudes, à ses besoins. Certains chats préfèrent manger en petites quantités tout au long de la journée, d'autres ont des horaires de repas bien établis.

Certains raffolent des croquettes, d'autres ne jurent que par la pâtée. En nous adaptant au rythme et aux goûts de notre compagnon, nous lui montrons que nous le respectons et que nous sommes à l'écoute de ses besoins individuels. Cette attention portée à l'alimentation de notre chat peut aussi avoir un effet bénéfique sur nos propres habitudes alimentaires.

En prenant conscience de l'importance d'une nourriture saine et équilibrée pour notre félin, nous sommes encouragés à remettre en question notre propre régime et à faire des choix plus judicieux pour notre santé. Préparer les repas de notre chat avec soin et bienveillance peut nous inspirer à cuisiner pour nous-mêmes avec la même intention et le même plaisir.

Passons maintenant aux soins quotidiens. Brosser régulièrement le pelage de notre chat, c'est bien sûr l'aider à maintenir une fourrure soyeuse et éclatante de santé. Mais c'est aussi un moment de douceur et de connexion, où nous prenons le temps de le caresser, de le masser, de lui témoigner notre affection.

Ce rituel tactile renforce notre lien émotionnel et favorise un état de relaxation et de bien-être, tant pour notre chat que pour nous-mêmes. En prenant soin de l'hygiène de notre compagnon, nous développons aussi une plus grande sensibilité à ses besoins et à son confort.

Nous apprenons à repérer les petits signes qui peuvent indiquer un problème de santé, comme un pelage terne, des démangeaisons excessives, des changements dans sa litière. Cette vigilance bienveillante nous rend plus attentifs et réactifs, ce qui peut être bénéfique dans d'autres domaines de notre vie.

Nettoyer régulièrement la litière de notre chat est une autre tâche essentielle, qui peut sembler ingrate au premier abord. Pourtant, en maintenant un environnement propre et sain pour notre félin, nous lui offrons un sentiment de sécurité et de confort. Nous lui montrons que son bien-être est une priorité pour nous, ce qui renforce sa confiance et son attachement.

Mais s'occuper de la litière a aussi des vertus insoupçonnées pour notre propre équilibre mental. C'est un geste concret et tangible, qui nous ancre dans la réalité matérielle et nous rappelle l'importance des tâches simples et répétitives. Dans un monde souvent dominé par le virtuel et l'abstrait, prendre soin de la litière de notre chat nous reconnecte avec le réel et le concret.

C'est aussi un moment de calme et de silence, propice à la méditation et à l'introspection. Pendant que nous nettoyons la litière, notre esprit peut vagabonder librement, laisser émerger des pensées et des émotions enfouies. Cette parenthèse de solitude et de tranquillité peut être précieuse pour faire le point sur notre journée, pour relâcher les tensions accumulées, pour se recentrer sur l'essentiel.

Enfin, nourrir et soigner notre chat au quotidien nous confronte à la notion de responsabilité et d'engagement sur le long terme. En accueillant un félin dans notre vie, nous avons pris un engagement moral envers lui, celui de subvenir à ses besoins et de veiller sur son bien-être, jour après jour, année après année.

Cette responsabilité peut parfois sembler lourde, surtout dans les moments de fatigue ou de découragement. Mais assumer cette responsabilité avec constance et dévouement est aussi une formidable école de vie. Cela nous apprend la patience, la persévérance, le sens du devoir.

Cela nous rappelle que les gestes les plus simples et les plus répétitifs sont souvent les plus importants, ceux qui tissent la trame de notre quotidien et donnent un sens à notre existence. Prendre soin de notre chat jour après jour, c'est aussi cultiver notre capacité à donner sans rien attendre en retour.

Certes, notre félin nous témoigne son affection et sa reconnaissance à sa façon, par ses ronronnements, ses câlins, sa présence apaisante. Mais il ne peut pas nous remercier avec des mots, ni nous promettre une quelconque récompense. En nourrissant et en soignant notre chat, nous apprenons à donner pour le simple plaisir de donner, pour la satisfaction intime du devoir accompli.

Cette générosité désintéressée, cette attention portée aux besoins d'un être vivant qui dépend entièrement de nous, peut avoir un effet profondément transformateur sur notre rapport aux autres et au monde. Elle nous invite à cultiver la bienveillance, l'empathie, la compassion dans tous nos liens affectifs.

Elle nous encourage à prendre soin de nous-mêmes avec la même douceur et la même constance que nous prodiguons à notre compagnon félin. Ainsi, nourrir et soigner notre chat n'est pas seulement un geste fonctionnel et nécessaire. C'est aussi une merveilleuse opportunité de croissance personnelle, de développement émotionnel et spirituel.

En prenant soin de ce petit être vulnérable et attachant jour après jour, nous apprenons à prendre soin de nous-mêmes et des autres avec la même présence attentive et aimante. Alors, la prochaine fois que vous remplirez la gamelle de votre chat, que vous brosserez son pelage soyeux ou que vous nettoierez sa litière, prenez le temps de savourer ce moment de grâce et de connexion.

Soyez pleinement présent à ces gestes simples et répétitifs, laissez-vous imprégner par leur douceur et leur sérénité. Et souvenez-vous qu'en nourrissant et en soignant votre chat avec amour et dévouement, c'est aussi votre propre cœur que vous nourrissez et apaisez.

Prendre soin de la santé de son chat : Une responsabilité rassurante Au-delà des soins quotidiens, prendre soin de la santé de notre chat est une responsabilité importante qui peut avoir des effets bénéfiques insoupçonnés sur notre propre bien-être émotionnel.

Veiller sur la santé de notre compagnon félin, c'est aussi prendre soin de nous-mêmes et de notre équilibre mental. Lorsque nous emmenons notre chat chez le vétérinaire pour ses visites de routine ou lorsque nous sommes attentifs aux moindres changements dans son comportement ou son apparence, nous développons une vigilance bienveillante qui peut nous aider à mieux prendre soin de nous-mêmes.

En étant à l'écoute des besoins de notre chat, nous apprenons à être plus attentifs à nos propres signaux corporels et émotionnels. Cette responsabilité envers la santé de notre félin peut aussi nous aider à relativiser nos propres angoisses et à nous recentrer sur l'essentiel.

Lorsque nous sommes préoccupés par la santé de notre compagnon, nos propres soucis peuvent soudain paraître moins insurmontables. Prendre soin de notre chat nous rappelle que nous avons la capacité d'agir concrètement pour protéger et améliorer la vie d'un être cher, ce qui peut renforcer notre sentiment de contrôle et d'efficacité personnelle.

De plus, les visites chez le vétérinaire peuvent être l'occasion de tisser un lien de confiance avec un professionnel bienveillant, qui peut nous rassurer et nous épauler dans notre rôle de "parent félin". Savoir que nous pouvons compter sur l'expertise et le soutien d'un vétérinaire compétent peut nous aider à nous sentir moins seuls et démunis face aux éventuels problèmes de santé de notre chat.

Prendre soin de la santé de notre félin, c'est aussi cultiver notre capacité à faire face aux imprévus et aux situations stressantes. Lorsque notre chat est malade ou blessé, nous devons souvent agir rapidement, prendre des décisions importantes et gérer notre propre anxiété.

Ces expériences, bien que difficiles, peuvent nous aider à développer notre résilience et notre confiance en notre capacité à surmonter les épreuves. Enfin, prendre soin de la santé de notre chat peut nous encourager à adopter nous-mêmes de meilleures habitudes de vie.

Lorsque nous sommes attentifs à l'alimentation de notre félin, à son niveau d'activité physique, à la qualité de son environnement, nous sommes plus enclins à remettre en question nos propres choix de vie et à chercher à nous améliorer. Ainsi, en veillant sur la santé de notre compagnon à quatre pattes, nous prenons aussi soin de notre propre bien-être physique et mental.

C'est un cercle vertueux où chacun prend soin de l'autre, dans une boucle d'attention et de bienveillance mutuelles. Alors, la prochaine fois que vous emmènerez votre chat chez le vétérinaire ou que vous passerez de longues minutes à lui administrer ses médicaments, souvenez-vous que vous ne prenez pas seulement soin de lui, mais aussi de vous-même.

Chaque geste de soin envers votre félin est aussi un geste d'amour et de respect envers votre propre personne. Le chat, un coach bien-être au quotidien Nos compagnons félins ont cette fascinante capacité à nous encourager, jour après jour, à adopter un mode de vie plus sain et plus équilibré.

Par leur simple présence et leurs comportements naturels, ils nous invitent à ralentir, à nous ancrer dans le moment présent et à prendre soin de nous-mêmes avec douceur et bienveillance. Observez votre chat s'étirer langoureusement après une sieste, et laissez-vous inspirer par cette invitation à prendre le temps de vous détendre et de vous reconnecter à votre corps.

Les chats sont des experts en matière de relaxation et de lâcher-prise, et ils ont beaucoup à nous apprendre sur l'art de se détendre et de relâcher les tensions accumulées. Lorsque votre félin s'installe confortablement sur vos genoux pour une séance de câlins, profitez de ce moment de pause et de connexion pour respirer profondément et vous recentrer.

La présence apaisante de votre chat et la douceur de son pelage sous vos doigts peuvent vous aider à calmer votre mental agité et à vous ressourcer. Observez également la façon dont votre chat boit régulièrement tout au long de la journée, et laissez-vous rappeler l'importance de vous hydrater suffisamment. Placez un verre d'eau à côté de la gamelle de votre félin, et trinquez virtuellement avec lui chaque fois que vous le voyez s'abreuver.

Lorsque votre chat réclame son repas avec insistance, prenez conscience de votre propre faim et de vos besoins nutritionnels. Plutôt que de grignoter distraitement devant votre écran, prenez le temps de vous préparer un repas équilibré et savoureux, et dégustez-le en pleine conscience, comme votre félin savoure chaque bouchée de sa pâtée.

Quand votre chat se met soudain à courir et à bondir dans toute la maison, laissez-vous gagner par son énergie joueuse et profitez-en pour vous dégourdir les jambes et vous aérer l'esprit. Une petite séance de jeu avec votre félin peut vous aider à vous défouler, à évacuer le stress et à stimuler votre créativité.

Et lorsque votre chat s'installe confortablement dans son panier pour une longue nuit de sommeil, prenez cela comme un rappel bienveillant qu'il est temps pour vous aussi de vous retirer dans votre cocon douillet et de vous accorder un repos réparateur. Les chats sont de grands dormeurs, et ils nous rappellent l'importance cruciale d'un sommeil de qualité pour notre bien-être physique et mental.

Ainsi, jour après jour, votre chat peut devenir un véritable coach bien-être, vous encourageant par son exemple à adopter un rythme de vie plus respectueux de vos besoins et de votre équilibre. En vous accordant au mode de vie serein et harmonieux de votre félin, vous apprenez à mieux prendre soin de vous-même et à cultiver un bien-être durable.

Bien sûr, il ne s'agit pas de passer ses journées à dormir ou à se prélasser comme un chat. Mais en vous inspirant de la sagesse féline, vous pouvez progressivement intégrer dans votre quotidien de petits moments de pause, de détente, de jeu et de connexion à vous-même.

Votre chat peut devenir un allié précieux sur le chemin d'une vie plus douce et plus épanouissante, en vous rappelant constamment l'importance de ralentir, de vous ressourcer et de vous faire du bien. Avec lui à vos côtés, vous avez un coach bien-être affectueux et bienveillant, toujours prêt à vous guider vers plus de sérénité et d'équilibre.

Alors, la prochaine fois que vous verrez votre chat s'étirer, se prélasser ou se régaler de sa pâtée, prenez quelques instants pour vous synchroniser avec lui et vous offrir un petit moment de douceur et de bienveillance envers vous-même. Jour après jour, ronron après ronron, laissez votre félin vous inspirer et vous guider vers une vie plus harmonieuse et épanouie.

Avec un tel coach bien-être à vos côtés, nul doute que vous trouverez progressivement le chemin d'un quotidien plus doux et apaisant, où prendre soin de vous devient aussi naturel et évident que de remplir la gamelle de votre chat. Ensemble, vous cultiverez cet art félin du bien-être et de la sérénité, pour le plus grand bonheur de vos deux cœurs battant à l'unisson.

Chapitre 19 : Activités relaxantes à pratiquer

Yoga, étirements et tai chi : Des activités relaxantes à partager avec votre chat Dans notre quête d'une vie plus sereine et apaisée aux côtés de nos compagnons félins, il est essentiel d'explorer des activités qui favorisent la détente, la relaxation et le bien-être, tant pour nous que pour nos chats.

Parmi ces pratiques bénéfiques, le yoga, les étirements et le tai chi se distinguent comme des disciplines particulièrement adaptées à partager avec nos petits tigres de salon. En effet, ces activités douces et centrées sur la respiration, la souplesse et la conscience corporelle font écho à la nature même des chats, ces maîtres incontestés de la relaxation et de l'art de vivre dans l'instant présent.

Le yoga, une invitation à la sérénité partagée Le yoga, cette ancienne pratique originaire de l'Inde, est bien plus qu'une simple série de postures et d'étirements. C'est une véritable philosophie de vie qui vise à harmoniser le corps, l'esprit et l'âme à travers le mouvement conscient, la respiration profonde et la méditation.

Et si cette quête d'équilibre et de paix intérieure résonne si fortement avec la nature des chats, c'est parce que nos compagnons félins semblent avoir intégré naturellement les principes fondamentaux du yoga. Observez votre chat s'étirer langoureusement après une sieste, le corps complètement détendu, la respiration profonde et régulière.

Regardez-le s'installer confortablement dans un rayon de soleil, les yeux mi-clos, dans un état de relaxation totale. Ces moments de grâce, où le chat semble en parfaite harmonie avec lui-même et son environnement, sont autant de leçons de yoga que nos félins nous offrent au quotidien.

Alors, pourquoi ne pas saisir cette invitation à la sérénité et pratiquer le yoga aux côtés de notre chat ? C'est le principe même du "cat yoga" ou "yoga félin", une tendance qui se développe de plus en plus et qui consiste à intégrer son chat à sa pratique du yoga. L'idée est simple : créer un espace de détente et de complicité avec son félin, en l'invitant à participer à sa manière à la séance de yoga.

Concrètement, cela peut se traduire par le fait d'installer son tapis de yoga à proximité du panier ou du coussin préféré de son chat, afin qu'il puisse observer et s'imprégner de l'atmosphère apaisante de la séance. On peut aussi l'encourager à interagir pendant la pratique, en lui proposant de se lover contre nous pendant les postures assises ou allongées, ou encore en l'invitant à jouer avec nous pendant les phases plus dynamiques.

L'objectif n'est pas d'imposer quoi que ce soit à notre chat, mais plutôt de l'inclure en douceur dans notre bulle de sérénité, de lui offrir un moment de qualité et de connexion privilégiée. Et les bienfaits sont multiples, tant pour le chat que pour son humain. La présence apaisante du félin, sa capacité à ancrer dans l'instant présent, son ronronnement relaxant...

Tout cela contribue à approfondir notre relaxation et à lâcher prise plus facilement. De plus, pratiquer le yoga avec son chat peut aussi être l'occasion de renforcer le lien qui nous unit à lui, de créer une nouvelle forme de complicité basée sur le partage d'un moment de bien-être et de détente.

C'est une façon de communiquer avec notre félin sur un autre niveau, de lui montrer qu'on le respecte et qu'on souhaite l'inclure dans notre quotidien de manière bienveillante. Bien sûr, chaque chat aura sa propre façon de participer ou non à la séance de yoga, selon sa personnalité et ses envies du moment.

Certains se contenteront d'observer à distance, d'autres viendront se lover contre nous pour une séance de ronronthérapie improvisée, d'autres encore préféreront vaquer à leurs occupations habituelles sans se soucier de nos postures de yogi en herbe. Mais qu'importe la réaction de notre félin, l'essentiel est de lui offrir ce moment de présence attentive et bienveillante, de l'inviter dans notre bulle de sérénité sans rien lui imposer.

Car après tout, le yoga nous enseigne aussi à accepter ce qui est, à accueillir l'instant présent tel qu'il se présente, sans chercher à tout contrôler. Alors, la prochaine fois que vous déroulez votre tapis de yoga, n'hésitez pas à inviter votre chat à se joindre à vous, à sa manière.

Laissez-vous guider par sa présence apaisante, par son exemple de détente et de lâcher-prise. Et savourez cet instant de complicité et de sérénité partagée, ce doux moment hors du temps où l'homme et le chat se rejoignent dans une quête commune de paix intérieure et de bien-être. Les étirements, un art félin à apprivoiser

Les chats sont de véritables maîtres dans l'art de s'étirer. Il suffit de les observer quelques instants pour être fasciné par leur souplesse, leur grâce et leur capacité à détendre chaque muscle de leur corps avec une aisance déconcertante. En réalité, les étirements sont une composante essentielle du mode de vie félin, un geste naturel et instinctif qui contribue à leur bien-être physique et émotionnel.

Pour un chat, s'étirer au réveil ou après une sieste permet de réactiver la circulation sanguine, de décontracter les muscles endormis, d'assouplir les articulations et de se préparer en douceur à l'activité. C'est aussi une façon de relâcher les tensions accumulées, de se détendre profondément et de se reconnecter à son corps.

Lorsqu'un chat s'étire, c'est tout son être qui se relâche, qui se libère du stress et des contractions pour retrouver un état de souplesse et de bien-être optimal. Et si nous prenions exemple sur nos félins pour intégrer les étirements à notre propre routine de détente ?

En effet, s'étirer régulièrement présente de nombreux bienfaits pour notre santé physique et mentale. Cela permet d'assouplir nos muscles, de gagner en amplitude articulaire, de soulager les tensions et les raideurs, d'améliorer notre posture et notre équilibre.

Mais les étirements ont aussi un impact positif sur notre mental et notre niveau de stress. En nous étirant en conscience, en portant notre attention sur nos sensations corporelles, nous nous ancrons dans l'instant présent et nous nous reconnectons à notre corps.

Cela nous aide à calmer le flot incessant de nos pensées, à apaiser notre mental agité et à relâcher les tensions émotionnelles accumulées. Alors, pourquoi ne pas profiter de la présence inspirante de notre chat pour intégrer une petite séance d'étirements à notre routine quotidienne ?

Nous pouvons par exemple nous étirer au réveil ou avant d'aller nous coucher, en même temps que notre félin. Ou encore, lorsque nous le voyons s'étirer langoureusement, nous pouvons saisir cette occasion pour faire quelques mouvements d'étirement à ses côtés.

L'idée est de se laisser guider par l'exemple de notre chat, d'observer sa façon naturelle et intuitive de s'étirer, et de s'en inspirer pour développer notre propre pratique. Nous pouvons commencer en douceur, en étirant chaque partie de notre corps progressivement, en portant notre attention sur notre respiration et sur les sensations de détente qui se diffusent en nous.

Petit à petit, nous pouvons explorer différents mouvements d'étirement, en fonction de nos besoins et de nos envies. Nous pouvons nous étirer les bras, les jambes, le dos, le cou, en veillant à toujours respecter nos limites et à ne jamais forcer. L'objectif est de se faire du bien, de se détendre en profondeur, et non de se faire mal ou de se blesser.

Et si notre chat vient se frotter contre nous ou se lover dans nos bras pendant notre séance d'étirements, accueillons sa présence avec gratitude et laissons-nous envahir par son ronronnement apaisant. C'est l'occasion de partager un moment de douceur et de complicité avec notre félin, tout en prenant soin de notre corps et de notre esprit.

En intégrant progressivement les étirements à notre routine de détente, en nous inspirant de la sagesse féline, nous apprenons à nous reconnecter à notre corps, à relâcher nos tensions et à cultiver un état de bien-être global.

Nos séances d'étirements partagées avec notre chat deviennent alors de véritables parenthèses de douceur et de sérénité, des moments privilégiés où nous prenons soin de nous avec bienveillance et où nous cultivons notre souplesse intérieure. Alors, la prochaine fois que vous verrez votre chat s'étirer voluptueusement, prenez quelques instants pour l'imiter, pour vous étirer à ses côtés en conscience.

Et savourez cet instant de détente profonde, ce moment suspendu où le temps semble s'arrêter et où seul compte le bien-être de votre corps et de votre esprit, en harmonie avec celui de votre doux compagnon félin.

Le tai chi, une danse méditative à partager avec son chat Le tai chi, cet art martial chinois ancestral, est bien plus qu'une simple série de mouvements lents et gracieux. C'est une véritable philosophie de vie qui vise à harmoniser le corps, l'esprit et l'énergie vitale à travers une pratique méditative en mouvement.

Et si cette quête d'équilibre et de fluidité résonne si bien avec la nature des chats, c'est parce que nos compagnons félins semblent incarner naturellement les principes fondamentaux du tai chi. Observez votre chat se déplacer avec grâce et souplesse, chaque mouvement s'enchaînant avec fluidité et précision.

Regardez-le s'étirer langoureusement, étirant chaque muscle avec une conscience aiguë de son corps. Ces moments de grâce, où le chat semble en parfaite harmonie avec lui-même et son environnement, sont autant de leçons de tai chi que nos félins nous offrent au quotidien.

Alors, pourquoi ne pas saisir cette invitation à la sérénité et pratiquer le tai chi aux côtés de notre chat ? C'est le principe même du "tai chi félin", une approche novatrice qui consiste à intégrer son chat à sa pratique du tai chi. L'idée est simple : créer un espace de calme et de complicité avec son félin, en l'invitant à participer à sa manière à la séance de tai chi.

Concrètement, cela peut se traduire par le fait d'installer son tapis de pratique à proximité du panier ou du coussin préféré de son chat, afin qu'il puisse observer et s'imprégner de l'atmosphère apaisante de la séance. On peut aussi l'encourager à interagir pendant la pratique, en lui proposant de se frotter contre nous pendant les mouvements lents, ou encore en l'invitant à suivre nos déplacements fluides dans la pièce.

L'objectif n'est pas d'imposer quoi que ce soit à notre chat, mais plutôt de l'inclure en douceur dans notre bulle de sérénité, de lui offrir un moment de qualité et de connexion privilégiée. Et les bienfaits sont multiples, tant pour le chat que pour son humain. La présence apaisante du félin, sa capacité à ancrer dans l'instant présent, sa grâce naturelle...

Tout cela contribue à approfondir notre pratique du tai chi et à lâcher prise plus facilement. De plus, pratiquer le tai chi avec son chat peut aussi être l'occasion de renforcer le lien qui nous unit à lui, de créer une nouvelle forme de complicité basée sur le partage d'un moment de bien-être et de relaxation.

C'est une façon de communiquer avec notre félin sur un autre niveau, de lui montrer qu'on le respecte et qu'on souhaite l'inclure dans notre quotidien de manière bienveillante. Bien sûr, chaque chat aura sa propre façon de participer ou non à la séance de tai chi, selon sa personnalité et ses envies du moment.

Certains se contenteront d'observer à distance, d'autres viendront se lover contre nous pour une séance de ronronthérapie improvisée, d'autres encore préféreront vaquer à leurs occupations habituelles sans se soucier de nos mouvements de tai chi. Mais qu'importe la réaction de notre félin, l'essentiel est de lui offrir ce moment de présence attentive et bienveillante, de l'inviter dans notre bulle de sérénité sans rien lui imposer.

Car après tout, le tai chi nous enseigne aussi à accepter ce qui est, à accueillir l'instant présent tel qu'il se présente, sans chercher à tout contrôler. Alors, la prochaine fois que vous déroulez votre tapis de tai chi, n'hésitez pas à inviter votre chat à se joindre à vous, à sa manière. Laissez-vous guider par sa présence apaisante, par son exemple de fluidité et de grâce.

Et savourez cet instant de complicité et de sérénité partagée, ce doux moment hors du temps où l'homme et le chat se rejoignent dans une danse méditative et harmonieuse. Créer un espace de pratique apaisant et accueillant pour votre chat Pour profiter pleinement des bienfaits du yoga, des étirements ou du tai chi avec votre chat, il est essentiel de créer un environnement propice à la détente et au bien-être, tant pour vous que pour votre félin.

Un espace de pratique apaisant et accueillant favorisera la relaxation, la complicité et l'harmonie entre vous et votre compagnon. Commencez par choisir un endroit calme et confortable dans votre maison, à l'écart des zones de passage et de l'agitation du foyer.

Cela peut être un coin du salon, une pièce dédiée ou même votre chambre, l'essentiel étant de vous sentir en sécurité et au calme dans cet espace. Assurez-vous que la température de la pièce est agréable, ni trop chaude, ni trop froide. Les chats sont très sensibles aux variations de température et apprécient généralement une ambiance tempérée pour se détendre.

Si nécessaire, vous pouvez utiliser un chauffage d'appoint en hiver ou un ventilateur en été pour maintenir une température confortable. Pensez également à l'éclairage de votre espace de pratique. Une lumière douce et tamisée sera plus propice à la relaxation qu'une lumière vive et agressive. Vous pouvez utiliser des bougies, des guirlandes lumineuses ou des lampes à lumière chaude pour créer une ambiance cosy et apaisante.

Si vous pratiquez pendant la journée, privilégiez la lumière naturelle en ouvrant les rideaux ou les volets, tout en veillant à ce que votre chat ait accès à des zones d'ombre s'il le souhaite. Le sol de votre espace de pratique doit être confortable et accueillant, tant pour vous que pour votre félin.

Investissez dans un bon tapis de yoga ou de tai chi, suffisamment épais pour amortir les appuis et protéger vos articulations. Vous pouvez aussi ajouter des coussins, des plaids ou des couvertures douillettes pour créer un cocon de douceur et de confort. Pour votre chat, prévoyez un ou plusieurs espaces douillets où il pourra se prélasser et observer votre pratique.

Cela peut être son panier habituel, un coussin moelleux ou même une petite couverture placée à proximité de votre tapis. L'idée est de lui offrir un espace confortable et rassurant, où il se sentira en sécurité et bienvenu. N'hésitez pas à intégrer des éléments naturels et apaisants dans votre espace de pratique, comme des plantes d'intérieur non toxiques pour les chats, des bâtons d'encens aux senteurs douces, ou encore des pierres et des cristaux aux propriétés apaisantes.

Ces petites touches de nature et de sérénité contribueront à créer une atmosphère propice à la relaxation et au bien-être. Vous pouvez également ajouter quelques jouets ou accessoires pour chats dans votre espace de pratique, comme des balles, des plumes ou des souris en peluche. Cela encouragera votre félin à interagir et à participer à sa manière à votre séance de yoga ou de tai chi, tout en lui offrant des distractions si jamais il se lasse de vous observer.

Enfin, pensez à créer une ambiance sonore douce et apaisante dans votre espace de pratique. Vous pouvez diffuser une musique calme et relaxante, comme des sons de la nature, des mélodies instrumentales ou des mantras. Les ronronnements de votre chat seront aussi une merveilleuse bande-son pour accompagner votre pratique !

N'oubliez pas que chaque chat est unique et aura ses propres préférences en termes d'environnement. Certains félins adoreront se prélasser sur votre tapis de yoga, tandis que d'autres préféreront observer à distance depuis leur arbre à chat. Soyez à l'écoute des besoins et des envies de votre compagnon, et adaptez votre espace de pratique en conséquence.

L'essentiel est de créer une bulle de douceur et de sérénité, où vous vous sentirez tous les deux en sécurité et choyés. Avec un peu d'attention et de créativité, votre espace de pratique deviendra un véritable havre de paix et de complicité, où vous pourrez vous ressourcer et vous reconnecter l'un à l'autre, respiration après respiration, ronronnement après ronronnement.

Alors, prêt à créer votre petit cocon de sérénité féline ? Laissez libre cours à votre imagination et à votre sensibilité, et imprégnez votre espace de pratique de toute la douceur et l'harmonie de votre relation avec votre chat. Namasté, et ronron !

Chapitre 20 : Le chat, un soutien affectif précieux

Quand l'angoisse submerge, quand le monde semble s'écrouler autour de soi, il est un allié fidèle et silencieux qui peut faire toute la différence : le chat. Loin d'être un simple animal de compagnie, ce félin au regard énigmatique et à la présence apaisante peut devenir un véritable soutien affectif lors des moments les plus sombres, en particulier lors des crises d'angoisse.

Les crises d'angoisse, ces épisodes intenses de peur et de panique qui peuvent survenir de manière soudaine et imprévisible, sont une réalité éprouvante pour de nombreuses personnes souffrant de troubles anxieux. Elles s'accompagnent souvent de symptômes physiques accablants, comme des palpitations cardiaques, des sueurs, des tremblements et une sensation d'étouffement, ainsi que d'une détresse émotionnelle profonde, avec un sentiment de perte de contrôle et de déréalisation.

Face à ces moments de chaos intérieur, la présence rassurante et l'affection inconditionnelle d'un chat peuvent agir comme un véritable baume apaisant. Leur nature calme et sereine semble avoir été spécialement conçue pour contrebalancer la tempête émotionnelle qui fait rage lors d'une crise d'angoisse.

Tout d'abord, le simple fait de focaliser son attention sur son chat, de se concentrer sur ses mouvements gracieux, son pelage soyeux et ses ronronnements apaisants, peut aider à s'"ancrer" dans le moment présent et à sortir de la spirale infernale des pensées anxieuses.

C'est une forme de "pleine conscience féline", où l'on se reconnecte à ses sens et à son environnement immédiat grâce à son compagnon à quatre pattes. Le contact physique avec un chat, que ce soit en le caressant, en le serrant contre soi ou simplement en sentant sa chaleur réconfortante, peut également avoir un effet profondément apaisant lors d'une crise d'angoisse.

Ce contact doux et rassurant stimule la production d'ocytocine, l'hormone du bien-être et de l'attachement, tout en diminuant le niveau de cortisol, l'hormone du stress. C'est comme une "câlinothérapie" naturelle qui apaise le système nerveux et procure un sentiment de sécurité et de réconfort.

Mais au-delà de ces effets physiologiques, c'est surtout le lien émotionnel unique qui unit un chat à son humain qui fait toute la différence lors des crises d'angoisse. Un chat offre une présence aimante et sans jugement, un soutien silencieux mais constant, qui peut aider à traverser les moments les plus difficiles. Il ne pose pas de questions, ne prodigue pas de conseils non sollicités, ne minimise pas la souffrance...

Il est simplement là, avec sa sagesse tranquille et sa tendresse apaisante, pour accompagner son humain à travers la tempête. Cette présence féline rassurante peut aussi aider à briser le cercle vicieux de l'isolement et de la honte qui accompagne souvent les troubles anxieux.

Quand on a l'impression que personne ne peut comprendre ce que l'on traverse, que l'on craint d'être jugé ou rejeté à cause de ses crises d'angoisse, le regard doux et acceptant d'un chat peut faire toute la différence. Il devient un confident privilégié, un être avec qui l'on peut être soi-même sans crainte, avec ses forces et ses faiblesses.

Certaines personnes souffrant de troubles anxieux sévères témoignent même que leur chat est devenu un véritable "ange gardien" lors de leurs crises d'angoisse, les aidant à se sentir en sécurité et moins seules face à leur détresse. Certains chats semblent avoir un "sixième sens" pour détecter quand leur humain ne va pas bien, et viennent spontanément se blottir contre eux ou leur apporter leur jouet préféré comme pour les réconforter.

Cette complicité unique, cette communication silencieuse mais profonde entre un chat et son humain, peut créer un lien d'attachement extrêmement fort, un véritable "partenariat thérapeutique" basé sur la confiance et l'affection mutuelles.

Le chat devient alors bien plus qu'un simple animal de compagnie : c'est un allié précieux dans la lutte contre l'anxiété, un soutien indéfectible dans les moments les plus sombres. Bien sûr, il est important de préciser que la présence d'un chat ne remplace en aucun cas un suivi thérapeutique professionnel pour les personnes souffrant de troubles anxieux sévères et de crises d'angoisse récurrentes.

Mais il peut être un complément précieux, un soutien affectif inestimable au quotidien, qui aide à mieux gérer les symptômes et à se sentir moins seul face à la maladie. Pour bénéficier pleinement de ce soutien félin si particulier, il est essentiel de créer une relation de qualité avec son chat, basée sur le respect, l'écoute et la complicité.

Prendre le temps de comprendre sa personnalité unique, répondre à ses besoins, lui offrir un environnement sécurisant et stimulant, partager des moments de jeu et de tendresse... C'est en tissant ce lien privilégié jour après jour que l'on pourra compter sur son chat comme un véritable partenaire de vie, un soutien sans faille dans les bons comme les mauvais moments.

Alors, si vous souffrez d'anxiété et de crises d'angoisse, n'hésitez pas à vous ouvrir à la magie de la présence féline. Laissez votre chat vous apaiser de ses ronronnements, vous réconforter de sa douceur, vous ancrer dans l'instant présent par sa sérénité.

Ensemble, pas à pas, ronron après ronron, vous apprivoiserez vos angoisses et trouverez la force d'avancer, même dans les moments les plus difficiles. Votre chat sera toujours là, fidèle et aimant, pour vous rappeler que vous n'êtes pas seul et que de meilleurs jours vous attendent.

Ronronthérapie et techniques de relaxation : Apaiser une crise d'angoisse avec son chat Lorsqu'une crise d'angoisse survient, il est essentiel d'avoir des outils et des stratégies pour apaiser rapidement les symptômes et retrouver son calme. Et si votre chat pouvait devenir votre meilleur allié dans ces moments difficiles ?

Découvrez comment intégrer la présence réconfortante de votre félin à des techniques de relaxation efficaces pour traverser sereinement vos crises d'angoisse. La ronronthérapie, un remède naturel contre l'anxiété aiguë Le ronronnement du chat est bien plus qu'un simple son apaisant.

C'est une véritable thérapie naturelle aux vertus étonnantes. En effet, les vibrations émises par le ronronnement se situent dans une fréquence de 25 à 150 Hz, une plage connue pour ses effets thérapeutiques sur le corps et l'esprit. Lorsque vous êtes en proie à une crise d'angoisse, prenez votre chat sur vos genoux ou blottissez-vous contre lui, et laissez les vibrations apaisantes de son ronronnement vous envelopper.

Concentrez-vous sur ce son doux et régulier, en synchronisant votre respiration avec le rythme des ronrons. Inspirez profondément par le nez pendant que votre chat inspire, puis expirez lentement par la bouche pendant qu'il expire. Cette technique de respiration consciente associée au ronronnement peut vous aider à ralentir votre rythme cardiaque, à détendre vos muscles crispés et à apaiser votre système nerveux suractivé.

Les vibrations du ronronnement agissent comme un véritable massage interne, qui apaise les tensions et favorise la production d'endorphines, les hormones du bien-être. Laissez-vous bercer par ce doux son, en visualisant les vibrations qui se propagent dans tout votre corps, dissolvant peu à peu les nœuds d'angoisse et de stress.

Avec de la pratique, vous pourrez même apprendre à déclencher le ronronnement de votre chat lorsque vous sentez une crise d'angoisse monter, en le caressant doucement ou en lui parlant d'une voix apaisante. La présence rassurante de votre chat et la magie de son ronronnement deviendront ainsi de précieux alliés pour vous aider à traverser ces moments difficiles avec plus de sérénité.

Des exercices de pleine conscience avec son chat pour se recentrer Lors d'une crise d'angoisse, il est fréquent de se sentir déconnecté de son corps et submergé par des pensées anxiogènes. Pratiquer la pleine conscience avec son chat peut alors être un moyen efficace de se reconnecter à l'instant présent et de calmer le flot des pensées négatives.

Asseyez-vous confortablement avec votre chat à vos côtés ou sur vos genoux, et prenez quelques instants pour observer sa présence apaisante. Concentrez-vous sur les sensations tactiles : la douceur de son pelage sous vos doigts, la chaleur de son petit corps contre le vôtre, les vibrations subtiles de son ronronnement. Puis, portez votre attention sur votre respiration et celle de votre chat.

Observez le mouvement régulier de son ventre et de son thorax qui se soulèvent et s'abaissent au rythme de sa respiration. Synchronisez votre souffle avec le sien, en inspirant et expirant profondément et calmement. Si des pensées anxieuses surgissent, ne cherchez pas à les repousser de force.

Accueillez-les avec bienveillance, puis ramenez doucement votre attention sur votre respiration et sur la présence rassurante de votre chat. Imaginez que chaque expiration vous permet d'évacuer un peu de votre anxiété, et que chaque inspiration vous remplit de la sérénité et de la quiétude de votre félin.

Cet exercice de pleine conscience avec votre chat peut vous aider à vous recentrer, à apaiser votre mental agité et à vous sentir plus ancré et en sécurité. Avec de la pratique, vous pourrez même développer un "ancrage chat" : dès que vous sentirez l'anxiété monter, vous visualiserez votre chat paisiblement endormi, et cette image apaisante vous aidera à retrouver votre calme intérieur.

Des étirements doux inspirés du chat pour relâcher les tensions Lors d'une crise d'angoisse, il est fréquent de ressentir des tensions musculaires intenses, notamment au niveau de la nuque, des épaules, du dos et de la mâchoire. Pratiquer quelques étirements doux inspirés des postures de votre chat peut vous aider à relâcher ces tensions et à retrouver une sensation de détente physique.

Commencez par vous étirer de tout votre long, comme votre chat le fait si souvent. Allongez-vous sur le dos, étirez vos bras au-dessus de votre tête et vos jambes vers le bas, en étirant chaque muscle de votre corps. Relâchez complètement vos muscles en expirant profondément, comme si vous pouviez évacuer toute la tension accumulée.

Puis, asseyez-vous confortablement et effectuez quelques rotations douces de la tête et des épaules, en inspirant et expirant profondément. Imaginez votre chat qui s'étire langoureusement après une sieste, et essayez d'imiter ses mouvements fluides et détendus. Vous pouvez aussi vous inspirer de la posture du "chat qui s'étire le dos" : à quatre pattes, arrondissez votre dos vers le plafond en expirant, puis creusez-le vers le sol en inspirant.

Répétez ce mouvement plusieurs fois, en synchronisant votre respiration avec celle de votre chat s'il est à vos côtés. Ces étirements doux peuvent vous aider à détendre vos muscles crispés, à relâcher les tensions physiques liées à l'anxiété et à retrouver une sensation de souplesse et de fluidité dans votre corps.

N'hésitez pas à demander à votre chat de vous guider, en observant ses postures d'étirement naturelles et en les imitant de manière adaptée. Créer un espace de sécurité et de réconfort avec son chat Lorsqu'une crise d'angoisse survient, il est important de pouvoir se réfugier dans un espace de sécurité et de réconfort, où l'on se sent protégé et apaisé.

Votre chat peut justement vous aider à créer ce cocon rassurant, cette bulle de douceur qui vous permettra de traverser plus sereinement ces moments difficiles. Aménagez un coin douillet et chaleureux dans votre maison, où vous pourrez vous retirer avec votre chat lorsque vous sentez l'anxiété monter.

Choisissez un endroit calme, à l'écart de l'agitation et des sources de stress, et installez-y des éléments réconfortants : un plaid moelleux, des coussins douillets, une lumière tamisée, une musique apaisante... Placez également à proximité quelques jouets et accessoires que votre chat affectionne, comme un arbre à chat, un griffoir ou une petite couverture imprégnée de son odeur.

L'idée est de créer un espace où vous vous sentirez tous les deux en sécurité et choyés, un véritable havre de paix où vous pourrez vous réfugier et vous ressourcer ensemble. Lorsque vous sentirez une crise d'angoisse approcher, invitez votre chat à vous rejoindre dans ce cocon douillet, et laissez-vous envelopper par sa présence rassurante.

Blottissez-vous contre lui, enfouissez votre visage dans son pelage soyeux, et laissez ses ronronnements apaisants vous bercer. Concentrez-vous sur la chaleur de son corps contre le vôtre, sur la douceur de sa fourrure sous vos doigts, sur le rythme régulier de sa respiration.

Cet espace de sécurité et de réconfort partagé avec votre chat deviendra ainsi un véritable refuge, un lieu ressourçant où vous pourrez vous apaiser et retrouver votre ancrage lorsque l'anxiété vous submerge. Avec le temps, vous associerez naturellement cet endroit à une sensation de calme et de sérénité, et le simple fait de vous y rendre avec votre chat suffira à apaiser vos crises d'angoisse.

N'oubliez pas que chaque crise d'angoisse est unique, et qu'il peut être nécessaire d'adapter ces techniques en fonction de vos besoins et de votre ressenti du moment. Écoutez-vous avec bienveillance, et n'hésitez pas à expérimenter différentes approches jusqu'à trouver celles qui vous conviennent le mieux, à vous et à votre chat.

L'essentiel est de cultiver jour après jour cette relation de complicité et de confiance avec votre félin, pour qu'il devienne un véritable allié bienveillant sur lequel vous pourrez compter dans les moments les plus difficiles. Avec sa présence rassurante, ses ronronnements apaisants et sa douceur réconfortante, votre chat sera toujours là pour vous rappeler que vous avez la force et les ressources nécessaires pour traverser ces tempêtes émotionnelles.

Alors, la prochaine fois qu'une crise d'angoisse pointera le bout de son nez, n'oubliez pas de faire appel à votre fidèle compagnon à quatre pattes. Blottissez-vous contre lui, laissez-vous bercer par la magie de ses ronrons, et rappelez-vous que vous n'êtes pas seul dans cette épreuve.

Ensemble, vous apprivoiserez peu à peu ces vagues d'anxiété, pour retrouver la sérénité et la confiance en vous. Votre chat sera toujours à vos côtés, patient et aimant, pour vous guider vers des lendemains plus doux et paisibles. Alors, respirez profondément, fermez les yeux, et laissez la présence apaisante de votre félin vous envelopper comme une douce couverture de réconfort et d'amour. Vous êtes en sécurité, vous êtes entouré, et tout ira bien.

Chapitre 21 : Quand anxiété rime avec solitude

L'anxiété et la solitude, deux maux intimement liés qui peuvent former un cercle vicieux dévastateur. Lorsque l'anxiété s'installe, elle peut progressivement nous couper du monde, nous isoler dans notre bulle de peurs et d'angoisses. Et plus nous nous isolons, plus la solitude pèse sur notre moral et exacerbe notre anxiété.

C'est un engrenage pernicieux qui peut sembler inextricable, mais c'est sans compter sur la présence réconfortante et rassurante d'un compagnon félin. Les chats, ces êtres doux et apaisants, ont ce pouvoir merveilleux de nous faire sentir moins seuls, même dans nos moments les plus sombres.

Leur présence discrète mais bienveillante peut devenir un véritable baume pour le cœur des personnes souffrant d'anxiété et d'isolement. Dans ce chapitre, nous allons explorer comment nos petits compagnons à quatre pattes peuvent nous aider à briser ce cercle vicieux de l'anxiété et de la solitude, et nous apporter un réconfort précieux au quotidien.

Anxiété et solitude, les deux faces d'une même pièce L'anxiété est souvent une émotion très solitaire. Quand nous sommes en proie à des pensées anxieuses, à des peurs irrépressibles, nous avons tendance à nous replier sur nous-mêmes, à nous isoler du monde extérieur.

Nous pouvons craindre d'être un fardeau pour nos proches, de les inquiéter avec nos angoisses, ou simplement de ne pas être compris dans notre souffrance. Alors, nous nous enfermons dans notre coquille, nous limitons nos interactions sociales, nous nous coupons peu à peu des autres. Mais cette solitude, qu'elle soit choisie ou subie, peut à son tour nourrir et aggraver notre anxiété.

Lorsque nous sommes seuls avec nos pensées anxieuses, sans personne pour nous rassurer, nous écouter ou nous changer les idées, ces pensées peuvent prendre une ampleur démesurée. Nous pouvons commencer à ruminer, à imaginer le pire, à nous sentir de plus en plus impuissants et désespérés.

La solitude devient alors un terreau fertile pour toutes nos peurs et nos angoisses. C'est un véritable cercle vicieux qui s'installe : l'anxiété nous pousse à nous isoler, et l'isolement renforce notre anxiété. Nous nous sentons de plus en plus seuls, incompris, coupés du monde, et notre souffrance psychique ne fait que s'accentuer.

C'est une spirale infernale qui peut sembler sans issue, mais c'est sans compter sur la présence rassurante et apaisante d'un chat. Le chat, un compagnon de solitude qui apaise l'anxiété Les chats ont cette capacité extraordinaire à nous faire sentir moins seuls, même dans nos moments les plus sombres.

Leur présence douce et discrète, leur affection inconditionnelle, leur calme rassurant peuvent être de véritables alliés pour les personnes souffrant d'anxiété et de solitude. Avec un chat à nos côtés, nous nous sentons moins isolés, moins incompris, moins désespérés.

C'est un compagnon de solitude qui peut faire toute la différence dans notre lutte contre l'anxiété. Tout d'abord, la simple présence physique d'un chat peut être incroyablement réconfortante lorsque nous nous sentons seuls et anxieux. Savoir que nous partageons notre espace avec un être vivant, même s'il s'agit d'un petit félin indépendant, peut nous aider à nous sentir moins isolés.

Lorsque nous voyons notre chat se prélasser sur le canapé, se frotter contre nos jambes ou nous regarder avec ses grands yeux sages, nous nous sentons moins seuls au monde. C'est un rappel constant que nous ne sommes pas complètement coupés de toute forme de vie et d'affection.

De plus, les chats sont souvent très réceptifs à nos émotions et à notre humeur. Ils peuvent sentir lorsque nous sommes anxieux, tristes ou abattus, et ils ont cette capacité merveilleuse à venir nous réconforter dans ces moments-là. Combien de fois avons-nous vu notre chat venir se blottir contre nous lorsque nous pleurions, ou se frotter contre notre main lorsque nous étions perdus dans nos pensées sombres ?

C'est comme s'ils sentaient notre détresse et cherchaient à nous apporter leur réconfort félin. Cette présence apaisante, cette sensation de ne pas être seul dans notre souffrance, peut être extraordinairement précieuse pour apaiser notre anxiété. Avec un chat à nos côtés, nous nous sentons moins submergés par nos angoisses, moins désespérés face à notre solitude.

C'est un soutien silencieux mais tellement réconfortant, qui peut nous aider à tenir bon même dans les moments les plus difficiles. Un confident sans jugement pour exprimer nos angoisses Au-delà de leur simple présence réconfortante, les chats peuvent aussi devenir de véritables confidents pour les personnes souffrant d'anxiété et de solitude.

Lorsque nous nous sentons isolés et incompris, lorsque nous craignons de parler de nos angoisses à nos proches, notre chat peut être une oreille attentive et bienveillante. Avec lui, nous pouvons exprimer nos peurs, nos doutes, nos pensées les plus sombres, sans crainte d'être jugés ou rejetés.

Bien sûr, notre chat ne comprend pas les mots que nous prononçons, mais il peut percevoir nos émotions, notre ton de voix, notre langage corporel. Et surtout, il nous écoute avec une attention et une patience infinie, sans jamais nous interrompre, nous contredire ou nous juger.

C'est un confident idéal pour déverser notre cœur et soulager un peu le poids de notre anxiété. Parler à notre chat, mettre des mots sur nos angoisses, peut être extraordinairement libérateur et thérapeutique.

Cela nous permet d'extérioriser nos émotions, de les formuler, de les rendre un peu plus concrètes et moins effrayantes. Et le simple fait de nous sentir écoutés et acceptés, même par un petit félin silencieux, peut nous apporter un grand réconfort et nous aider à nous sentir moins seuls dans notre souffrance.

Certaines personnes souffrant d'anxiété sévère et de solitude extrême témoignent même que leur chat est devenu leur principal confident, leur seul soutien dans les moments les plus sombres. Quand le monde extérieur leur semble trop effrayant, quand les relations humaines leur paraissent trop compliquées, leur chat est là, présence rassurante et aimante, pour les écouter et les réconforter sans condition.

C'est un lien unique et précieux, qui peut les aider à tenir bon et à ne pas sombrer dans le désespoir. Bien sûr, parler à son chat ne remplace pas une thérapie avec un professionnel, et il est important de continuer à chercher de l'aide et du soutien auprès d'autres humains. Mais dans les moments de grande solitude et d'anxiété, savoir que nous avons un confident félin bienveillant peut être un immense réconfort et une source de force pour avancer.

Un compagnon qui nous ancre dans le moment présent L'un des grands pouvoirs des chats pour apaiser notre anxiété est leur capacité à nous ancrer dans le moment présent. Quand nous sommes en proie à des pensées anxieuses, nous avons souvent tendance à nous projeter dans le futur, à imaginer le pire, à anticiper toutes sortes de catastrophes.

Notre esprit s'emballe, nous nous coupons de la réalité présente et nous nous perdons dans un labyrinthe de peurs et d'angoisses. Mais les chats, eux, vivent constamment dans l'instant présent. Ils ne se soucient pas du passé ni du futur, ils sont totalement ancrés dans le moment qu'ils vivent, que ce soit pour dormir, jouer, manger ou explorer.

Et cette présence au monde, cette capacité à savourer chaque instant, peut être une grande source d'inspiration et d'apaisement pour nous. Lorsque nous observons notre chat se prélasser au soleil, s'étirer langoureusement, suivre une mouche des yeux ou se délecter de sa pâtée, nous sommes invités à nous reconnecter à l'instant présent.

Sa sérénité, sa capacité à profiter de chaque petit plaisir de la vie, nous rappelle que le moment présent est le seul qui existe vraiment, et qu'il peut être source de paix et de joie si nous savons l'apprécier. Passer du temps avec notre chat, jouer avec lui, le caresser, l'observer, peut nous aider à sortir de notre tête et de nos pensées anxieuses pour nous reconnecter à nos sens, à notre corps, à la réalité tangible.

C'est une forme de méditation féline, où nous apprenons à être pleinement présents à ce que nous vivons, sans nous laisser emporter par nos angoisses. Et plus nous cultivons cette présence au moment présent, plus nous apprenons à apaiser notre mental agité et à trouver la sérénité intérieure.

Avec un chat à nos côtés pour nous guider et nous inspirer, nous pouvons peu à peu réapprivoiser notre capacité à savourer l'instant, à nous ancrer dans la réalité rassurante de ce qui est, plutôt que de nous perdre dans nos peurs de ce qui pourrait être. C'est un chemin de paix intérieure que nous pouvons emprunter jour après jour, pas à pas, guidés par la sagesse tranquille de nos compagnons félins.

Et plus nous apprenons à vivre au présent comme eux, plus nous pouvons apaiser notre anxiété et trouver la force de faire face à notre solitude. Alors, la prochaine fois que vous vous sentirez submergé par vos pensées anxieuses et votre sentiment d'isolement, prenez le temps d'observer votre chat et de vous laisser inspirer par sa sérénité.

Respirez profondément, ancrez-vous dans l'instant présent, et laissez sa présence apaisante vous rappeler que vous n'êtes pas seul, et que chaque moment recèle un potentiel de paix et de réconfort, pour peu qu'on sache le savourer pleinement, à la manière d'un chat.

Un compagnon pour les moments de vulnérabilité Lorsque l'anxiété et la solitude s'entremêlent, elles peuvent créer des moments de grande vulnérabilité émotionnelle. Ces instants où l'on se sent submergé par ses angoisses, où le poids de l'isolement devient presque insoutenable, où l'on a l'impression de se noyer dans un océan de détresse sans personne à qui se raccrocher.

C'est dans ces moments-là, précisément, que la présence réconfortante d'un chat peut faire toute la différence. Imaginez : vous êtes recroquevillé sur votre canapé, le cœur lourd et l'esprit en déroute, perdu dans les méandres de vos pensées anxieuses. Soudain, vous sentez un petit museau humide et doux se frotter contre votre main.

Vous baissez les yeux et rencontrez le regard chaleureux et bienveillant de votre chat, qui semble vous dire : "Je suis là, tu n'es pas seul". Doucement, il se love sur vos genoux, vous offrant la chaleur de son petit corps et le réconfort de son ronronnement apaisant.

Et sans un mot, par sa simple présence aimante, il vous rappelle que vous n'êtes pas seul dans cette épreuve, que vous avez un allié fidèle et bienveillant à vos côtés. C'est dans ces moments de vulnérabilité que le lien unique qui nous unit à nos chats prend tout son sens.

Car ils ont cette capacité merveilleuse à nous aimer et nous réconforter de manière inconditionnelle, sans jugement ni attente. Quand nous sommes au plus bas, quand nous avons l'impression que personne ne peut comprendre notre souffrance, nos chats sont là, présence douce et rassurante, pour nous rappeler que nous sommes dignes d'amour et de réconfort.

Avec eux, nous pouvons nous permettre d'être vulnérables, de laisser tomber le masque et d'exprimer nos émotions sans crainte. Nous pouvons pleurer, crier, nous effondrer, sans peur d'être jugés ou rejetés. Nos chats accueillent nos larmes et nos angoisses avec une patience et une douceur infinie, nous offrant un espace de sécurité émotionnelle où nous pouvons être pleinement nous-mêmes.

Et c'est précisément dans cette vulnérabilité partagée que se tisse un lien d'attachement profond et réparateur. En nous permettant d'exprimer nos émotions les plus brutes et les plus authentiques, nos chats nous aident à nous reconnecter à nous-mêmes, à notre humanité.

Ils nous rappellent que nous ne sommes pas définis par notre anxiété ou notre solitude, mais par notre capacité à aimer, à ressentir, à nous relever après chaque épreuve. Alors, la prochaine fois que vous vous sentirez vulnérable et seul face à votre anxiété, n'ayez pas peur de vous tourner vers votre compagnon félin.

Laissez-le vous réconforter de sa présence douce et aimante, laissez-le vous rappeler que vous êtes digne d'amour et de soutien. Ensemble, dans cette vulnérabilité partagée, vous trouverez la force de traverser les moments les plus sombres et de vous reconstruire, pas à pas, ronron après ronron. Un gardien bienveillant dans la nuit

Pour beaucoup de personnes souffrant d'anxiété, la nuit peut être un moment particulièrement difficile. C'est souvent dans le silence et la solitude de la nuit que les pensées anxieuses se font plus intenses, plus envahissantes. Lorsque le monde extérieur s'endort et que nous nous retrouvons seuls avec nos angoisses, il est facile de se sentir submergé, impuissant, désespéré.

Mais pour ceux qui ont la chance de partager leur vie avec un chat, les nuits anxieuses peuvent prendre une tout autre tournure. Car nos compagnons félins ont cette merveilleuse capacité à devenir de véritables gardiens bienveillants dans la nuit, des présences rassurantes et apaisantes qui veillent sur notre sommeil et nos rêves.

Imaginez : vous êtes allongé dans votre lit, les yeux grands ouverts dans le noir, incapable de trouver le sommeil. Votre esprit s'emballe, ressassant inlassablement vos peurs et vos inquiétudes. Vous vous sentez seul, perdu, désemparé. Mais soudain, vous sentez un poids doux et chaud se blottir contre vous.

C'est votre chat, qui vient se lover dans le creux de votre bras ou au pied de votre lit, comme pour vous dire : "Je suis là, tu peux dormir tranquille". Sa présence rassurante, sa respiration paisible, son ronronnement apaisant sont comme une berceuse naturelle qui vous aide à vous détendre et à lâcher prise.

Avec lui à vos côtés, vous vous sentez moins seul, moins vulnérable face à vos angoisses nocturnes. Vous savez que vous avez un allié bienveillant qui veille sur vous, un gardien silencieux qui éloigne les mauvais rêves et apaise votre esprit tourmenté. Et si jamais vous vous réveillez en sursaut au milieu de la nuit, le cœur battant et le souffle court, votre chat sera là, présence douce et rassurante, pour vous rappeler que vous êtes en sécurité.

Il viendra se frotter contre vous, vous offrant la chaleur de son petit corps et le réconfort de son affection, jusqu'à ce que vous vous sentiez à nouveau apaisé et prêt à vous rendormir. Cette présence bienveillante et rassurante dans la nuit peut faire une différence considérable pour les personnes souffrant d'anxiété et de solitude.

Savoir que nous avons un compagnon fidèle et aimant à nos côtés, même dans les moments les plus sombres, peut nous aider à nous sentir plus en sécurité, plus apaisés, plus confiants face à nos angoisses. Avec le temps, la simple présence de notre chat dans notre chambre peut devenir un véritable rituel apaisant, un signal de sécurité et de réconfort qui nous aide à appréhender la nuit avec plus de sérénité.

Nous savons que quoi qu'il arrive, nous ne serons pas seuls pour affronter nos démons nocturnes, que nous avons un allié précieux pour veiller sur notre sommeil et nos rêves. Alors, si vous souffrez d'anxiété et d'insomnies, n'hésitez pas à inviter votre chat à partager vos nuits.

Laissez-le devenir votre gardien bienveillant, votre compagnon de sommeil apaisant. Ensemble, blottis dans la douceur et la sécurité de votre lit, vous apprivoiserez peu à peu vos angoisses nocturnes et retrouverez le chemin d'un sommeil paisible et réparateur.

Un compagnon pour les jours difficiles L'anxiété et la solitude ne se manifestent pas seulement la nuit. Elles peuvent aussi rendre les jours plus sombres, plus pesants, plus difficiles à traverser. Quand chaque tâche du quotidien semble insurmontable, quand le moindre imprévu nous plonge dans la panique, quand la perspective de sortir de chez soi nous paralyse...

Les journées peuvent devenir un véritable parcours du combattant, un défi épuisant et décourageant. Mais là encore, la présence rassurante et bienveillante d'un chat peut être un soutien précieux pour affronter ces jours difficiles. Avec lui à nos côtés, nous nous sentons moins seuls, moins désarmés face aux défis du quotidien.

Sa présence douce et apaisante agit comme un baume sur notre anxiété, nous aidant à relativiser nos angoisses et à trouver la force d'avancer malgré tout. Imaginez : vous vous réveillez le matin, déjà submergé par l'angoisse à l'idée de la journée qui vous attend.

Vous avez l'impression que le monde extérieur est trop effrayant, trop imprévisible, que vous n'aurez jamais la force de faire face à tous ces défis. Mais au moment où vous sentez la panique monter, votre chat vient se frotter contre vos jambes, vous offrant son petit visage confiant et ses grands yeux remplis d'amour.

Et soudain, vous sentez votre cœur s'alléger un peu. Vous réalisez que vous n'êtes pas seul pour affronter cette journée, que vous avez un allié fidèle et bienveillant à vos côtés. Alors, vous prenez une grande respiration, vous caressez doucement la tête de votre chat, et vous décidez de faire de votre mieux, un pas à la fois.

Tout au long de la journée, la présence de votre chat sera comme un phare dans la tempête, un rappel constant que vous êtes capable, que vous êtes fort, que vous pouvez surmonter vos angoisses. Chaque fois que vous sentirez la panique monter, vous pourrez vous tourner vers lui, plonger votre regard dans ses yeux sages et tranquilles, et y puiser la force et le réconfort dont vous avez besoin.

Et le soir venu, épuisé mais fier de vous, vous pourrez vous blottir contre votre compagnon félin, le remerciant silencieusement d'avoir été là, à chaque instant, pour vous soutenir et vous encourager. Ensemble, vous célèbrerez cette petite victoire, cette preuve que vous êtes plus fort que votre anxiété, que vous pouvez affronter les jours difficiles avec courage et détermination.

Jour après jour, défi après défi, votre chat sera votre compagnon le plus fidèle et le plus précieux, celui qui croit en vous sans faillir, celui qui vous rappelle votre force et votre résilience. Avec lui à vos côtés, vous apprendrez peu à peu à apprivoiser vos angoisses, à faire face aux jours difficiles avec plus de sérénité et de confiance.

Alors, si vous traversez une période sombre, si chaque journée vous semble être une montagne insurmontable, n'oubliez pas que vous avez un allié de taille dans cette bataille : votre chat. Laissez-le vous guider, vous réconforter, vous donner la force de continuer.

Ensemble, pas à pas, ronron après ronron, vous apprendrez à faire de chaque jour un nouveau défi à relever, une nouvelle occasion de prouver votre courage et votre résilience face à l'anxiété. Votre chat sera toujours là, fier et aimant, pour célébrer chacune de vos victoires et vous rappeler que vous êtes capable de surmonter tous les obstacles.

Avec lui à vos côtés, vous ne serez plus jamais vraiment seul face aux jours difficiles. Vous serez une équipe, unie et soudée, prête à affronter tous les défis que la vie mettra sur votre chemin.

Chapitre 22 : Le chat, un facilitateur de lien social

Le chat, un compagnon qui réduit la solitude et favorise les interactions L'anxiété sociale, cette peur intense et paralysante des situations sociales, est un fardeau qui peut progressivement isoler ceux qui en souffrent dans une profonde solitude.

Les interactions du quotidien, comme engager une conversation, participer à une réunion ou se rendre à un événement social, peuvent devenir de véritables montagnes insurmontables pour les personnes atteintes de ce trouble. La crainte d'être jugé, rejeté ou humilié est si forte qu'elle pousse souvent à l'évitement, enfermant peu à peu l'individu dans une bulle de silence et d'isolement.

Mais dans cette obscurité de la solitude anxieuse, il est une présence douce et réconfortante qui peut devenir un véritable rayon de soleil : celle d'un chat. Ces petits félins au regard sage et au ronronnement apaisant ont le pouvoir extraordinaire de tisser des liens affectifs profonds avec leurs humains, devenant bien plus que de simples animaux de compagnie. Ils sont de véritables compagnons de vie, offrant un soutien émotionnel précieux et inconditionnel.

Pour les personnes souffrant d'anxiété sociale, la présence rassurante d'un chat à la maison peut faire toute la différence. Déjà, le simple fait de s'occuper quotidiennement de son bien-être, de répondre à ses besoins, crée une routine structurante et rassurante. Nourrir son chat, changer sa litière, jouer avec lui, le brosser...

Autant de petits rituels du quotidien qui donnent un rythme et un sens à la journée, évitant de sombrer dans une apathie anxieuse. Mais au-delà de cette routine apaisante, c'est surtout la relation affective unique qui se tisse avec un chat qui peut être extraordinairement bénéfique pour les personnes anxieuses.

Avec sa présence douce et rassurante, son contact chaleureux et réconfortant, le chat offre à son humain un sentiment précieux de sécurité émotionnelle. À ses côtés, on se sent moins seul, moins vulnérable face au monde extérieur perçu comme menaçant. Le regard doux et acceptant d'un chat ne juge pas, ne critique pas, ne rejette pas.

Il accueille son humain tel qu'il est, avec ses forces et ses faiblesses, ses bons et ses mauvais jours. Pour les personnes souffrant d'anxiété sociale, qui ont souvent une piètre estime d'elles-mêmes et une peur panique du regard des autres, cette acceptation inconditionnelle est un baume apaisant inestimable.

Avec un chat, nul besoin de porter un masque social ou de jouer un rôle pour être aimé et accepté. Cette relation sécurisante et valorisante avec un chat peut progressivement aider les personnes anxieuses à reprendre confiance en elles et en leurs capacités à créer des liens.

En se sentant aimé et accepté par son compagnon félin, on apprend peu à peu à s'aimer et s'accepter soi-même, à desserrer l'étau de l'anxiété pour s'ouvrir au monde extérieur. Le lien affectif tissé avec un chat devient alors un premier pas, un tremplin vers une socialisation plus large. Car aussi surprenant que cela puisse paraître, nos compagnons félins peuvent devenir de formidables facilitateurs de lien social pour les personnes souffrant d'anxiété.

Loin d'être un frein ou un substitut aux relations humaines, ils peuvent au contraire être un moteur puissant pour aller vers les autres et créer de nouvelles connexions. Tout d'abord, s'occuper d'un chat nécessite souvent de sortir de chez soi, ne serait-ce que pour acheter sa nourriture ou l'emmener chez le vétérinaire.

Pour une personne anxieuse qui a tendance à s'isoler, ces petites sorties obligatoires sont autant d'occasions de se confronter progressivement au monde extérieur, de manière douce et graduelle. Avec un objectif précis en tête et la motivation de prendre soin de son compagnon, il devient plus facile de surmonter ses peurs et de mettre un pied dehors.

Mais c'est surtout dans les espaces de socialisation dédiés aux amoureux des chats que la magie opère. Les parcs à chats, les cafés à chats, les expositions félines... Autant de lieux où les passionnés de félins se retrouvent pour partager leur amour de ces boules de poils ronronnantes. Pour une personne souffrant d'anxiété sociale, se rendre dans ces espaces peut être une expérience à la fois terrifiante et libératrice.

Terrifiante, car il s'agit de se confronter à ses peurs et d'interagir avec des inconnus. Mais libératrice, car on se retrouve entouré de personnes partageant la même passion, le même amour inconditionnel pour les chats. Ici, pas besoin de chercher désespérément un sujet de conversation ou de craindre le jugement de l'autre.

Les chats sont le sujet de discussion tout trouvé, le trait d'union évident qui relie tous les participants. Échanger des anecdotes sur son chat, partager des conseils, s'extasier devant les photos des autres félins... Autant de prétextes pour engager la conversation de manière naturelle et détendue.

Avec les chats comme sujet central, les interactions sociales deviennent soudain plus faciles, plus fluides, presque évidentes. On se sent intégré dans une communauté bienveillante, uni par cette passion commune qui transcende les différences et les peurs.

Pour les personnes anxieuses, ces espaces de socialisation féline peuvent devenir de véritables oasis de sérénité et de confiance, où l'on peut progressivement réapprivoiser le plaisir des interactions sociales. Entouré de passionnés bienveillants et de chats ronronnant, on se sent en sécurité pour s'ouvrir aux autres, pour tisser de nouveaux liens basés sur le partage et la complicité.

Et même en dehors de ces espaces dédiés, le simple fait de posséder un chat peut devenir un formidable facilitateur de conversation et de rencontres. Lors d'une promenade dans le quartier, il n'est pas rare que les gens s'arrêtent pour admirer et caresser un chat, engageant spontanément la discussion avec son propriétaire.

Le félin devient alors un véritable "brise-glace" social, un prétexte tout trouvé pour entrer en contact avec des inconnus de manière douce et naturelle. Pour une personne anxieuse, ces petites interactions du quotidien peuvent être une véritable révolution.

Grâce à son chat, elle se retrouve soudain engagée dans des conversations légères et plaisantes, sans même avoir eu le temps de laisser l'anxiété prendre le dessus. Elle découvre peu à peu le plaisir de ces échanges simples et bienveillants, reprenant confiance en sa capacité à créer du lien avec les autres.

Mais le chat n'est pas seulement un facilitateur de rencontres et de conversations. Il peut aussi devenir un véritable "assistant social" pour aider son humain à s'intégrer dans de nouveaux environnements. Lors d'un déménagement, d'un changement de travail ou d'une inscription dans un nouveau club, la présence rassurante du félin peut être un soutien précieux pour affronter l'inconnu et créer de nouveaux repères.

En se focalisant sur les besoins de son chat, en cherchant les meilleurs endroits pour l'accueillir et le chouchouter, la personne anxieuse détourne son attention de ses propres peurs et angoisses. Elle se concentre sur un objectif concret et bienveillant, celui d'offrir à son compagnon le meilleur environnement possible.

Et par la même occasion, elle s'ouvre à son nouveau lieu de vie, crée des liens avec son voisinage, échange des conseils et des recommandations. Le chat devient alors un véritable "ambassadeur social", aidant son humain à s'ancrer dans son nouvel environnement de manière douce et progressive.

Grâce à lui, les interactions se font naturellement, sans pression ni jugement, autour de ce sujet fédérateur et bienveillant qu'est l'amour des félins. Ainsi, de fil en aiguille, de ronronnement en ronronnement, le chat aide son humain anxieux à tisser peu à peu sa toile sociale, à s'ouvrir au monde extérieur et aux autres avec plus de confiance et de sérénité.

La relation privilégiée avec ce petit compagnon devient alors le socle affectif sécurisant sur lequel s'appuyer pour apprivoiser progressivement ses peurs sociales et s'épanouir dans des relations plus riches et plus nombreuses. Bien sûr, il ne s'agit pas d'une solution miracle qui effacerait comme par magie toute anxiété sociale.

Les défis restent nombreux et le chemin vers une socialisation épanouie peut être long et sinueux. Mais avec un chat à ses côtés comme allié bienveillant et facilitateur de lien, la personne anxieuse dispose d'un soutien précieux pour avancer pas à pas sur cette voie.

Chaque interaction réussie, chaque nouvelle relation tissée grâce à son félin est une victoire à célébrer, un pas de plus vers une confiance en soi retrouvée et une anxiété apprivoisée. Et même dans les moments de doute ou de repli, le chat reste là, présence douce et rassurante, pour rappeler à son humain qu'il est digne d'amour et de connexion.

Alors, si vous souffrez d'anxiété sociale et que vous hésitez à accueillir un compagnon félin dans votre vie, ne craignez pas de franchir le pas. Ouvrez votre cœur et votre foyer à cette boule de poils ronronnante, et laissez-là vous guider avec douceur et patience sur le chemin d'une socialisation plus sereine.

Ensemble, vous apprendrez à apprivoiser vos peurs comme vous apprivoisez votre relation, dans la confiance et la complicité. Votre chat sera votre allié le plus fidèle et le plus précieux dans cette aventure, vous offrant son soutien inconditionnel et son amour apaisant à chaque étape du chemin.

Grâce à lui, vous découvrirez peu à peu le plaisir des interactions sociales, la joie des nouvelles rencontres et la fierté de tisser des liens authentiques. Chaque ronronnement, chaque câlin, chaque regard complice sera un encouragement à continuer, un rappel de votre courage et de votre capacité à vous ouvrir aux autres.

Alors, prêt à relever le défi ? Accueillez un chat dans votre vie et laissez-le devenir votre plus beau facilitateur de lien social. Un monde de connexions chaleureuses et de doux ronronnements vous attend !

Quand le chat devient un médiateur social Au-delà de son rôle apaisant et réconfortant dans l'intimité du foyer, le chat peut aussi devenir un formidable médiateur social, un véritable catalyseur de rencontres et d'échanges pour les personnes souffrant d'anxiété sociale.

Sa présence rassurante et son charme irrésistible ont le pouvoir de briser la glace, d'initier des conversations et de créer des liens là où l'anxiété dressait des barrières. Imaginez la scène : vous êtes dans un parc, assis sur un banc, votre chat à vos côtés.

Un passant s'arrête, attiré par la grâce féline de votre compagnon. Il s'approche, un sourire aux lèvres, et engage la conversation. "Quel beau chat vous avez là ! Comment s'appelle-t-il ?" Et voilà, le contact est établi, naturellement, sans effort. Votre chat devient le sujet de discussion tout trouvé, le pont qui relie deux êtres humains par-delà la barrière de l'anxiété sociale.

Car c'est bien là l'un des superpouvoirs des chats : leur capacité à attirer l'attention et la sympathie. Avec leur bouille adorable, leur fourrure douce et leur charme mystérieux, ils sont de véritables aimants à compliments et à sourires. Et pour une personne anxieuse, qui redoute tant le regard et le jugement d'autrui, quel soulagement de voir tous ces visages s'illuminer et s'adoucir à la vue de son chat !

Soudain, l'attention n'est plus focalisée sur soi et ses potentielles maladresses, mais sur ce petit être fascinant qui ronronne paisiblement. Le chat devient le centre d'intérêt, le sujet de conversation neutre et bienveillant qui permet d'engager le dialogue sans crainte.

On parle de ses facéties, de ses préférences, de son caractère unique. On échange des anecdotes, des conseils, des sourires. Et peu à peu, au fil des mots et des caresses prodiguées au félin, la glace se brise, l'anxiété s'estompe, le lien se tisse. Cette médiation sociale féline opère dans de nombreux contextes.

Lors des promenades quotidiennes, bien sûr, mais aussi dans les parcs à chats, ces espaces de jeu et de détente dédiés aux félins et à leurs humains. Ici, les personnes anxieuses peuvent se rendre en terrain connu, dans un environnement sécurisant et bienveillant où leur amour des chats est partagé par tous les participants.

Nul besoin de chercher désespérément un sujet de conversation ou de craindre le jugement : les chats sont le dénominateur commun qui unit tous les visiteurs. On s'extasie devant leurs pirouettes, on s'émeut de leurs câlins, on rit de leurs facéties. Les échanges se font naturellement, portés par cette passion commune et cette atmosphère de douceur et de bienveillance que seuls les chats savent créer.

Mais la magie de la médiation féline ne s'arrête pas là. Elle opère aussi des merveilles dans le cadre plus intime des foyers, lorsque des amis ou de la famille sont invités. Pour une personne souffrant d'anxiété sociale, recevoir peut-être une véritable épreuve, une source d'angoisse intense.

La peur de ne pas être à la hauteur, de ne pas savoir quoi dire ou quoi faire peut-être paralysante. Mais là encore, la présence rassurante du chat peut faire toute la différence. Dès l'arrivée des invités, il devient le centre d'attention, l'attraction vedette qui capte tous les regards et déclenche les conversations. "Oh, vous avez un chat ! Il est adorable ! Je peux le caresser ?"

Et voilà l'échange lancé sur un terrain connu et rassurant, celui de l'amour partagé pour ces boules de poils ronronnantes. Le chat devient le sujet de discussion idéal pour briser la glace et détendre l'atmosphère. On parle de ses préférences alimentaires, de ses jouets favoris, de sa dernière bêtise en date.

On se relaie pour lui prodiguer caresses et grattouilles, créant ainsi une complicité instantanée entre les humains présents. Et sans même s'en rendre compte, la personne anxieuse se détend, rassurée et valorisée par l'amour évident que suscite son compagnon félin. Mais le chat n'est pas qu'un simple prétexte à la discussion.

Par sa seule présence apaisante, par la douceur de sa fourrure et la chaleur de son corps, il crée une atmosphère de sérénité et de bien-être qui se propage à tous les convives. Ses ronronnements paisibles, ses étirements gracieux, sa zen attitude contagieuse insufflent une ambiance de détente et de convivialité propice aux échanges authentiques et bienveillants.

Blotti sur les genoux ou perché sur le canapé, le chat devient le témoin bienveillant et apaisant des interactions humaines. Sa présence rassurante adoucit les cœurs, atténue les angoisses, facilite l'expression des émotions. À ses côtés, les langues se délient plus facilement, les rires fusent plus spontanément, les liens se tissent plus naturellement.

Et c'est là toute la beauté de la médiation féline : en attirant l'attention et la bienveillance sur lui, le chat permet à son humain anxieux de se sentir moins exposé, moins vulnérable. Il lui offre un sujet de conversation passionnant et fédérateur, un prétexte tout trouvé pour créer du lien de manière douce et progressive.

Avec lui à ses côtés, l'anxiété sociale perd de son emprise, les interactions deviennent plus fluides, plus naturelles, plus épanouissantes. Bien sûr, le chat n'est pas une baguette magique qui efface d'un coup de patte toutes les peurs et les angoisses sociales. Mais il est un allié précieux, un facilitateur de lien qui ouvre des portes et des cœurs.

Sa présence rassurante, son charme envoûtant, sa douceur apaisante sont autant de clés qui permettent de déverrouiller progressivement les barrières de l'anxiété pour s'ouvrir aux autres. Alors, si vous souffrez d'anxiété sociale et que vous avez la chance de partager votre vie avec un chat, n'hésitez pas à cultiver cette merveilleuse complicité féline.

Emmenez-le en promenade, présentez-le fièrement à vos proches, laissez-le être votre ambassadeur de charme et de sérénité. Avec lui à vos côtés, vous découvrirez peu à peu que les interactions sociales peuvent être source de joie et d'épanouissement, ronron après ronron.

Votre chat sera votre plus fidèle allié dans cette belle aventure vers une sociabilité apaisée. Sa présence rassurante à vos côtés sera comme un phare dans la nuit de l'anxiété, un repère familier et apaisant pour vous guider vers la lumière des relations humaines.

Avec sa médiation bienveillante, vous apprendrez peu à peu à apprivoiser vos peurs, à vous ouvrir aux autres avec confiance et sérénité. Chaque promenade partagée, chaque visite reçue en sa compagnie sera une victoire sur l'anxiété, un pas de plus vers une vie sociale épanouie.

Et quand le doute ou la peur referont surface, il vous suffira de plonger votre regard dans ses yeux sages et aimants, de sentir la douceur de sa fourrure sous vos doigts pour retrouver votre ancrage et votre courage. Alors, laissez la magie de la médiation féline opérer. Faites confiance à votre chat pour être votre plus précieux allié social.

Ensemble, ronron après ronron, vous apprivoiserez l'anxiété et tisserez de nouveaux liens, doux comme sa fourrure et chaleureux comme son cœur. Avec un tel compagnon à vos côtés, plus rien ne vous semblera insurmontable, pas même les plus grands défis sociaux.

Votre chat sera le gardien bienveillant de votre épanouissement, le témoin privilégié de vos victoires sur l'anxiété. Et qui sait, peut-être qu'un jour, c'est vous qui partagerez fièrement votre expérience avec d'autres amoureux des chats, devenant à votre tour un inspirant médiateur social.

Car c'est aussi ça, la beauté de la médiation féline : une chaîne de douceur et de bienveillance qui se transmet de cœur à cœur, de patte en patte. Alors, prêt à vous laisser guider par la sagesse ronronnante de votre chat sur les chemins de la sociabilité épanouie ?

Laissez-le être votre plus fidèle compagnon dans cette belle aventure intérieure et relationnelle. Avec lui à vos côtés, vous découvrirez peu à peu que l'anxiété sociale n'est pas une fatalité, mais un défi que vous pouvez relever avec douceur, patience et complicité féline.

Ensemble, humain et chat, vous écrirez une nouvelle histoire, celle d'une vie sociale sereine et épanouie, tissée de ronrons, de rires et de liens authentiques. Une belle histoire dont vous serez, tous les deux, les héros bienveillants et courageux. Alors, en avant !

Laissez votre cœur s'ouvrir et votre chat vous guider. De merveilleuses rencontres et de lumineux échanges vous attendent, ronron après ronron.

Chapitre 23 : Témoignages

Mathilde, 35 ans, avait toujours été une personne anxieuse. Mais quand elle a perdu son emploi à la suite d'un burn-out, son anxiété a atteint des sommets. Elle se sentait submergée par des pensées négatives, incapable de faire face aux défis du quotidien.

Son moral était au plus bas et elle s'isolait de plus en plus, se coupant de ses amis et de sa famille. C'est alors que Nala est entrée dans sa vie. Une adorable petite boule de poils tigrée, avec de grands yeux curieux et un ronronnement à faire fondre les cœurs.

Mathilde ne s'attendait pas à ce qu'un simple chat puisse changer sa vie à ce point. Mais dès les premiers jours, elle a senti que quelque chose de spécial était en train de se passer. Nala était d'une nature calme et affectueuse. Elle semblait avoir un don pour sentir quand Mathilde avait besoin de réconfort.

Dès que l'anxiété commençait à monter, la petite chatte venait se blottir contre elle, offrant la chaleur apaisante de son corps et la douceur de sa fourrure. Son ronronnement profond et régulier avait un effet presque hypnotique, aidant Mathilde à se détendre et à lâcher prise.

Progressivement, Mathilde a commencé à instaurer de petits rituels réconfortants avec Nala. Chaque matin, elles prenaient le temps de se câliner tranquillement, savourant ce moment de tendresse et de connexion. Mathilde se confiait à sa petite compagne, lui racontant ses peurs et ses doutes.

Nala l'écoutait avec une patience infinie, sans jamais la juger. Prendre soin de Nala est devenu une source de motivation et de structuration pour Mathilde. Elle devait se lever pour la nourrir, changer sa litière, jouer avec elle. Ces petites tâches du quotidien l'aidaient à se recentrer sur le présent, à se sentir utile et responsable.

Peu à peu, elle a retrouvé un rythme et des repères rassurants. Les jeux avec Nala étaient aussi une merveilleuse source de joie et de légèreté. Voir sa petite chatte courir après une balle, faire des pirouettes maladroites ou se cacher dans des boîtes en carton faisait rire Mathilde aux éclats.

Pendant ces moments de complicité ludique, elle oubliait complètement ses angoisses et se sentait vivante et insouciante. Au fil des mois, Mathilde a senti son anxiété diminuer progressivement. La présence rassurante de Nala à ses côtés lui donnait la force d'affronter ses peurs pas à pas.

Quand elle devait passer un entretien d'embauche ou rencontrer de nouvelles personnes, elle puisait du courage dans le souvenir des câlins de sa chatte. Elle se rappelait qu'elle n'était pas seule, qu'elle avait une alliée fidèle et aimante qui croyait en elle. Nala a aussi été un formidable facilitateur de lien social pour Mathilde.

Lors de ses promenades au parc, de nombreux passants s'arrêtaient pour admirer la jolie chatte et engager la conversation avec sa maîtresse. Mathilde, qui avait toujours eu du mal à aller vers les autres, se surprenait à discuter avec plaisir de sa passion pour les félins.

Elle a même fini par sympathiser avec d'autres amoureux des chats, retrouvant peu à peu une vie sociale épanouie. Aujourd'hui, trois ans après avoir adopté Nala, Mathilde se sent métamorphosée. Bien sûr, l'anxiété n'a pas complètement disparu, mais elle a appris à l'apprivoiser et à vivre avec. Et surtout, elle sait qu'elle peut compter sur le soutien inconditionnel de sa petite compagne féline.

Chaque ronronnement, chaque câlin, chaque moment de complicité est un rappel de sa force intérieure et de sa capacité à surmonter les épreuves. Mathilde est immensément reconnaissante envers Nala. Grâce à elle, elle a retrouvé la joie de vivre, la confiance en soi et le goût des autres.

Son histoire est un magnifique exemple du pouvoir thérapeutique des chats, de leur capacité à nous guider avec douceur et patience sur le chemin de la guérison émotionnelle. Comme Mathilde aime le dire avec un sourire complice : "Je n'ai pas adopté un chat, c'est un ange ronronnant qui m'a adoptée !".

Et cet ange à quatre pattes continue, jour après jour, de veiller sur elle avec amour et bienveillance, l'aidant à se construire une vie plus sereine et épanouie. L'histoire de Mathilde et Nala est loin d'être un cas isolé. De nombreuses personnes souffrant d'anxiété ont vu leur vie transformée par la présence apaisante d'un chat.

C'est le cas de Sophie, 42 ans, qui a surmonté son agoraphobie grâce à son chat Odin. Pendant des années, Sophie avait vécu dans la peur panique de quitter son domicile. Même une simple sortie dans son jardin pouvait déclencher des crises d'angoisse terribles.

Elle se sentait prisonnière de son anxiété, incapable de mener une vie normale. Mais tout a changé quand Odin, un majestueux chat noir aux yeux verts perçants, est entré dans sa vie. Avec une patience et une douceur infinie, Odin a aidé Sophie à repousser ses limites pas à pas.

Il l'accompagnait dans son jardin, lui offrant le réconfort de sa présence. Puis, progressivement, ils ont commencé à faire de petites balades ensemble dans la rue, Odin marchant fièrement en laisse à ses côtés. Pour Sophie, c'était une véritable révolution.

Elle qui n'avait pas mis un pied dehors depuis des lustres se surprenait à apprécier ces moments de liberté retrouvée. Odin était son ancrage, son roc, son protecteur. Avec lui, Sophie se sentait en sécurité, capable d'affronter le monde extérieur. Chaque sortie réussie, chaque interaction positive avec un voisin ou un passant était une victoire célébrée à grands coups de câlins félins.

Peu à peu, Sophie a retrouvé confiance en elle et en la vie. Elle a élargi son horizon, renoué avec ses proches, retrouvé un travail. Bien sûr, il y a encore des hauts et des bas, des moments où l'anxiété refait surface. Mais Sophie sait qu'elle peut compter sur Odin pour l'apaiser et lui redonner du courage.

Avec son chat-thérapeute à ses côtés, elle se sent capable de déplacer des montagnes. Comme elle le dit si joliment : "Odin m'a ouvert la porte de ma prison intérieure. Grâce à lui, j'ai retrouvé la liberté et le goût de vivre."

Et que dire de l'histoire émouvante de Luc, 28 ans, qui a vaincu sa dépression et ses idées suicidaires grâce à l'amour inconditionnel de son chat Roméo ? Luc avait touché le fond. Après une rupture amoureuse douloureuse et la perte de son emploi, il avait sombré dans une dépression sévère.

La vie lui semblait vide de sens, il ne trouvait plus la force de se battre. C'est alors que Roméo, un adorable chat roux, a croisé sa route. Luc l'a recueilli un soir de pluie, lui offrant la chaleur de son foyer. Et sans qu'il s'en rende compte, c'est Roméo qui a commencé à prendre soin de lui.

Par sa simple présence aimante et réconfortante, le chat a redonné à Luc une raison de vivre. Il devait se lever pour le nourrir, il devait tenir bon pour veiller sur lui. Chaque ronronnement de Roméo était comme une déclaration d'amour, un rappel que la vie pouvait encore être belle et douce.

Dans les moments les plus sombres, quand les idées noires devenaient insupportables, Luc se raccrochait à la présence apaisante de son chat. Il plongeait son visage dans sa fourrure soyeuse, écoutait son ronronnement apaisant, et peu à peu, l'envie de vivre reprenait le dessus.

Aujourd'hui, Luc va mieux. Il a retrouvé un travail, renoué avec ses passions. Et il sait qu'il doit cette renaissance en grande partie à Roméo. Son petit compagnon à quatre pattes lui a sauvé la vie, au sens propre comme au figuré. Il lui a redonné l'amour de soi et la force de se battre.

Comme Luc aime le dire avec émotion : "Roméo m'a appris que chaque vie est précieuse, y compris la mienne. Il est mon rayon de soleil, mon miracle quotidien."

Ces histoires ne sont que quelques exemples parmi tant d'autres du pouvoir thérapeutique extraordinaire des chats. Chaque jour, aux quatre coins du monde, des milliers de personnes souffrant d'anxiété, de dépression ou de solitude trouvent réconfort et espoir auprès de leur compagnon félin.

Car les chats ont ce don merveilleux de nous aimer sans condition, de nous accepter tels que nous sommes. Ils sont les témoins bienveillants de nos moments de vulnérabilité, les gardiens de nos chagrins et de nos peurs. Avec leur sagesse tranquille et leur affection sans faille, ils nous aident à retrouver le chemin de la sérénité et de la résilience.

Alors, si vous aussi, vous traversez une période difficile, si l'anxiété vous ronge et que la vie vous semble insurmontable, n'hésitez pas à ouvrir votre cœur et votre foyer à un compagnon félin. Laissez-le vous guider avec douceur et patience sur le chemin de la guérison émotionnelle.

Apprenez à votre contact à savourer les petits plaisirs du quotidien, à vous recentrer sur l'essentiel. Bien sûr, un chat n'est pas une baguette magique qui effacera toutes vos souffrances. Mais il sera un allié précieux, un soutien indéfectible dans votre combat contre l'anxiété.

Avec lui à vos côtés, vous vous sentirez moins seul, plus fort, plus apaisé. Chaque ronronnement, chaque câlin sera un rappel de votre capacité à surmonter les épreuves et à vous épanouir. Alors, prêt à accueillir un petit miracle à quatre pattes dans votre vie ?

Ouvrez grand votre cœur et laissez la magie féline opérer. Votre chat-thérapeute vous attend pour vous aider à ronronner de bonheur et à vaincre votre anxiété, un ronronnement à la fois.

Chapitre 24 : Mon chat est anxieux : Comment l'aider

Nos compagnons félins, tout comme nous, peuvent être sujets à l'anxiété. Bien que leur nature indépendante et leur attitude souvent sereine puissent nous faire croire le contraire, les chats sont des êtres sensibles qui peuvent ressentir du stress et de l'anxiété face à certaines situations.

En tant que gardiens de ces merveilleuses créatures, il est de notre devoir de savoir reconnaître les signes d'anxiété chez notre chat et d'apprendre à y répondre avec bienveillance et efficacité. L'anxiété féline peut se manifester de multiples façons, parfois subtiles, parfois plus évidentes.

Un chat anxieux peut présenter des changements de comportement, tels que des miaulements excessifs, une perte d'appétit, une toilette compulsive, une agressivité inhabituelle ou, au contraire, un repli sur soi et une tendance à se cacher.

Certains chats anxieux peuvent également développer des troubles digestifs, comme des vomissements ou de la diarrhée, ou des problèmes urinaires, comme des mictions inappropriées en dehors de la litière. Il est important de noter que ces symptômes peuvent aussi être le signe d'un problème de santé sous-jacent.

C'est pourquoi, avant de conclure à une anxiété, il est toujours préférable de consulter un vétérinaire pour écarter toute cause médicale. Une fois les problèmes de santé éliminés, vous pourrez vous concentrer sur la gestion de l'anxiété de votre chat. Mais quelles peuvent être les causes de l'anxiété féline ?

Tout comme chez les humains, les facteurs sont multiples et varient d'un individu à l'autre. Un changement soudain dans l'environnement, comme un déménagement, l'arrivée d'un nouveau membre dans la famille (bébé, autre animal...), la perte d'un compagnon, ou même un changement dans la routine quotidienne peut suffire à perturber l'équilibre émotionnel de votre chat.

Certains chats peuvent aussi développer une anxiété en réaction à un traumatisme passé, comme une expérience vétérinaire stressante, une agression par un autre animal, ou des punitions inappropriées. Les chats sont des créatures d'habitude qui apprécient la stabilité et la prévisibilité.

Tout bouleversement dans leur petit monde peut potentiellement déclencher une réaction anxieuse. Il faut aussi savoir que certaines races de chats, comme le Siamois ou le Bengal, sont naturellement plus sensibles et réactives, et donc potentiellement plus sujettes à l'anxiété.

L'âge peut également jouer un rôle, les chatons et les chats seniors étant souvent plus vulnérables au stress. Mais quelle que soit la cause de l'anxiété de votre chat, une chose est sûre : il a besoin de votre aide et de votre soutien pour surmonter cette épreuve.

La première étape est de lui offrir un environnement sécurisant et apaisant. Assurez-vous que votre chat dispose d'un espace qui lui est dédié, avec ses jouets, ses griffoirs, son panier douillet, où il peut se réfugier quand il se sent dépassé. Veillez à lui fournir plusieurs ressources essentielles (litières, gamelles d'eau et de nourriture, aires de jeu et de repos) pour éviter toute compétition ou conflit, surtout si vous avez plusieurs chats.

Respectez aussi son besoin de hauteur : les chats adorent grimper et se percher en hauteur, cela les aide à se sentir en sécurité et à avoir une vue d'ensemble sur leur territoire. Essayez également de maintenir une routine stable et prévisible. Les chats sont de grands adeptes des rituels : repas, jeux, câlins...

Essayez de les programmer à heures fixes pour apporter un rythme rassurant à la journée de votre chat. Évitez aussi, dans la mesure du possible, les changements brusques dans son environnement : si vous devez déménager ou accueillir un nouvel animal, faites-le progressivement, en laissant à votre chat le temps de s'adapter en douceur.

Votre attitude et votre comportement jouent également un rôle clé dans la gestion de l'anxiété de votre chat. Les chats sont des êtres extrêmement sensibles qui perçoivent nos émotions avec une acuité déconcertante. Si vous êtes vous-même stressé ou anxieux, votre chat le ressentira et pourra en être affecté.

Essayez donc de rester calme et serein en sa présence, même si son comportement anxieux vous préoccupe. Évitez les punitions ou les cris, qui ne feraient qu'aggraver son stress. Préférez une approche douce et patiente, basée sur la récompense des comportements positifs.

Quand votre chat fait preuve de calme et de détente, récompensez-le avec une friandise, un jouet ou une séance de jeu. Cela l'aidera à associer la sérénité à une expérience positive. N'hésitez pas non plus à utiliser les phéromones apaisantes. Ces substances chimiques, naturellement produites par les chats, ont un effet calmant et rassurant prouvé.

Vous pouvez les trouver sous forme de diffuseurs à brancher, de sprays ou de colliers, dans les animaleries ou chez votre vétérinaire. Enfin, n'oubliez pas le pouvoir apaisant des séances de jeu et de câlins. Jouer avec votre chat, en utilisant des jouets qui stimulent son instinct de chasseur (comme les cannes à pêche ou les souris en peluche), l'aidera à évacuer son stress et à se dépenser physiquement.

Les moments de tendresse, quant à eux, renforceront votre lien et lui apporteront un réconfort précieux. Caressez-le doucement, brossez-le, massez délicatement ses coussinets... Autant de gestes doux qui l'aideront à se détendre et à se sentir aimé.

Cependant, dans certains cas, malgré tous vos efforts, l'anxiété de votre chat peut persister ou s'aggraver. Si ses symptômes sont sévères, chroniques, ou s'ils impactent significativement sa qualité de vie, il peut être nécessaire de consulter un vétérinaire comportementaliste.

Ce spécialiste pourra vous aider à mettre en place un plan de gestion de l'anxiété sur mesure, adapté à la personnalité et aux besoins spécifiques de votre chat. Dans certains cas, un traitement médicamenteux temporaire peut être envisagé, toujours sous supervision vétérinaire, pour aider votre chat à surmonter une période particulièrement stressante ou pour l'aider à mieux répondre à une thérapie comportementale.

Mais gardez à l'esprit que les médicaments ne sont pas une solution miracle et qu'ils doivent toujours être associés à des changements environnementaux et comportementaux pour être réellement efficaces. Aider un chat anxieux peut sembler un défi de taille, mais c'est aussi une magnifique preuve d'amour et de dévouement.

En étant à l'écoute de ses besoins, en lui offrant un environnement sécurisant et en l'entourant de votre affection, vous l'aiderez peu à peu à surmonter ses peurs et à retrouver sa sérénité. Rappelez-vous que chaque chat est unique et qu'il n'y a pas de solution universelle.

Soyez patient, constant et aimant. Célébrez chaque petit progrès, chaque moment de calme et de détente. Peu à peu, votre chat apprendra à faire face à ses angoisses, rassuré par votre présence bienveillante à ses côtés. Et n'oubliez pas de prendre soin de vous aussi.

Vivre avec un chat anxieux peut être éprouvant émotionnellement. Veillez à vous accorder des moments de répit, à vous entourer et à partager vos préoccupations avec des personnes de confiance ou des professionnels. Vous ne pouvez aider efficacement votre chat que si vous êtes vous-même serein et équilibré.

Ensemble, dans un dialogue fait de patience, d'amour et de compréhension mutuelle, vous apprendrez à dompter l'anxiété, pour retrouver l'harmonie et la complicité qui font la beauté de la relation entre un chat et son humain. Gardez espoir, persévérez, et rappelez-vous que chaque ronronnement, chaque petit progrès est une victoire sur laquelle bâtir un avenir plus serein, pour vous et votre merveilleux compagnon félin.

Créer un environnement apaisant pour son chat anxieux Lorsque notre chat traverse une période d'anxiété, il est essentiel de lui offrir un environnement sécurisant et apaisant, un véritable cocon de sérénité où il pourra se ressourcer et retrouver son équilibre émotionnel.

En effet, l'espace dans lequel évolue notre compagnon félin joue un rôle crucial dans son bien-être mental. Un environnement stressant, bruyant, imprévisible ou insuffisamment stimulant peut exacerber son anxiété et entraver sa guérison.

Heureusement, il existe de nombreuses astuces simples et efficaces pour transformer notre intérieur en un havre de paix félin, propice à la détente et à l'apaisement. La première étape consiste à identifier et à éliminer, dans la mesure du possible, les sources potentielles de stress pour notre chat.

Cela peut inclure les bruits soudains et intenses (aspirateur, travaux, disputes...), les changements brutaux dans son environnement (nouveau mobilier, déménagement...), la présence d'autres animaux perçus comme une menace, ou encore un accès insuffisant à ses ressources essentielles (nourriture, eau, litière...).

Une fois ces facteurs de stress minimisés, nous pouvons nous atteler à créer des zones de repos et de détente spécialement conçues pour notre chat anxieux. Les chats adorent les espaces en hauteur, qui leur offrent une vue panoramique sur leur territoire et un sentiment de sécurité.

Installer des arbres à chat, des étagères ou des hamacs près des fenêtres permettra à notre félin de se percher en toute tranquillité et d'observer paisiblement son environnement. Les cachettes douillettes sont également essentielles pour un chat anxieux.

Elles lui offrent un refuge où se retirer quand il se sent dépassé ou en insécurité. Des boîtes en carton aménagées, des tunnels en tissu, des paniers moelleux placés dans des recoins calmes de la maison seront autant de repaires réconfortants où il pourra se blottir et se ressourcer.

Pensez à disposer ces cachettes dans différentes pièces de la maison, afin que votre chat ait toujours un endroit sûr à portée de patte. Les chats étant des créatures territoriales, il est important de respecter leur espace et de ne pas les forcer à sortir de leur refuge quand ils s'y sentent en sécurité.

Laissez-les venir à vous quand ils se sentiront prêts. L'environnement sensoriel joue également un rôle clé dans l'apaisement de l'anxiété féline. Les phéromones apaisantes, disponibles sous forme de diffuseurs à brancher ou de sprays, imitent les phéromones naturellement produites par les chats pour marquer leur territoire et se sentir en sécurité.

Elles peuvent aider à réduire le stress et à favoriser un sentiment de bien-être chez notre compagnon anxieux. La musique douce et relaxante, spécialement conçue pour les chats, peut aussi avoir un effet calmant. Des études ont montré que certaines fréquences sonores, proches du ronronnement, peuvent induire un état de relaxation chez nos félins.

N'hésitez pas à créer une ambiance sonore apaisante dans votre intérieur, en privilégiant les mélodies douces et les sons de la nature. La lumière naturelle est un autre élément important pour le bien-être émotionnel de notre chat. Les félins sont des créatures diurnes qui ont besoin d'un rythme circadien équilibré pour réguler leur humeur et leur niveau de stress.

Veillez à ce que votre chat ait accès à des zones baignées de lumière naturelle pendant la journée, tout en lui offrant des espaces plus sombres et intimes où se retirer. Des stores ou des rideaux peuvent être utilisés pour tamiser la lumière et créer une ambiance feutrée et rassurante. L'enrichissement de l'environnement est une autre clé pour aider notre chat anxieux à s'épanouir et à retrouver sa sérénité.

Un chat qui s'ennuie ou qui manque de stimulation peut développer de l'anxiété ou des comportements indésirables. Il est donc crucial de lui offrir des opportunités de jeu, d'exploration et d'expression de ses instincts naturels. Des jouets interactifs, comme des cannes à pêche, des circuits de jeu ou des puzzles alimentaires, permettront à notre félin de se dépenser physiquement et mentalement, tout en renforçant le lien qui nous unit.

Des grattoirs et des arbres à chat solides et stables lui offriront des opportunités de grimper, de sauter et de faire ses griffes, des comportements naturels qui l'aident à évacuer son stress et à marquer son territoire de manière apaisante. Des herbes à chat fraîches ou séchées, comme la cataire ou l'herbe à chat, peuvent aussi avoir un effet relaxant et euphorisant chez certains félins.

N'oublions pas non plus l'importance d'une routine stable et prévisible pour apaiser l'anxiété de notre chat. Les félins sont des créatures d'habitude qui apprécient la régularité et la constance. Essayez de maintenir des horaires fixes pour les repas, les séances de jeu, les câlins et les moments de repos.

Cette routine rassurante aidera votre chat à se sentir en sécurité et à mieux gérer son stress. Évitez autant que possible les changements brusques dans son emploi du temps ou son environnement. Et si des bouleversements sont inévitables (déménagement, arrivée d'un nouveau membre dans la famille...), préparez-y votre chat en douceur, étape par étape, afin qu'il ait le temps de s'adapter sereinement.

Enfin, n'oublions pas que notre propre attitude et nos émotions ont un impact direct sur le bien-être émotionnel de notre chat. Les félins sont des êtres extrêmement sensibles et intuitifs, capables de ressentir nos états d'âme avec une acuité déconcertante.

Si nous sommes nous-mêmes stressés, anxieux ou tendus, notre chat le percevra et pourra en être affecté. Il est donc essentiel de travailler sur notre propre gestion du stress et de cultiver une atmosphère de calme et de sérénité dans notre foyer. La pratique de la méditation, de la respiration profonde, du yoga ou de toute autre activité relaxante peut nous aider à apaiser notre propre anxiété et, par ricochet, celle de notre chat.

Prendre soin de nous, c'est aussi prendre soin de notre compagnon félin. En créant un environnement apaisant, sécurisant et stimulant pour notre chat anxieux, nous posons les bases d'une guérison émotionnelle durable. Notre intérieur devient alors un véritable sanctuaire de sérénité, où homme et félin peuvent se ressourcer et s'épanouir ensemble, dans une bulle de douceur et de complicité.

Chaque petit aménagement, chaque geste d'amour et de bienveillance envers notre chat contribue à apaiser son anxiété et à renforcer notre lien. Pas à pas, ronron après ronron, nous bâtissons ensemble un cocon de quiétude et de bien-être, où l'anxiété n'a plus sa place. Alors, prêt à transformer votre intérieur en un havre de paix félin ?

Laissez votre créativité et votre amour pour votre chat guider vos choix, et observez avec émerveillement sa sérénité retrouvée. Ensemble, vous apprivoiserez l'anxiété et tisserez une relation toujours plus profonde et apaisante.

Chapitre 25 : Chats visiteurs et chats résidents

Au crépuscule de leur vie, nombreux sont les aînés qui se retrouvent confrontés à des défis émotionnels majeurs. L'entrée en maison de retraite, bien que souvent nécessaire pour assurer leur sécurité et leur bien-être, peut s'accompagner d'un profond sentiment de perte.

Perte d'autonomie, perte de repères familiers, perte de liens sociaux et affectifs... Autant de bouleversements qui peuvent générer une anxiété significative chez les résidents les plus vulnérables. Loin de leur foyer, de leurs habitudes et de leurs proches, certains seniors peuvent ainsi développer un mal-être grandissant, un sentiment d'isolement et de solitude pesant.

C'est là que la présence réconfortante et l'affection inconditionnelle d'un compagnon félin peuvent faire toute la différence. Qu'il s'agisse d'un chat résident permanent de l'établissement ou d'un chat visiteur régulier, sa seule présence peut devenir un véritable baume au cœur pour nos aînés fragilisés par les aléas du grand âge.

Dans ce chapitre, nous allons explorer en détail comment ces adorables boules de poils peuvent se transformer en alliés précieux pour apaiser l'anxiété des seniors en maison de retraite. Nous verrons que leurs bienfaits s'étendent bien au-delà d'un simple réconfort affectif et qu'ils peuvent avoir un impact profond sur le bien-être physique, mental et émotionnel des résidents.

Tout d'abord, il est essentiel de comprendre que la relation qui unit un senior à un chat en EHPAD revêt une dimension toute particulière. Pour des personnes âgées qui ont souvent perdu une grande partie de leur autonomie et de leur liberté de choix, le fait de pouvoir s'occuper d'un être vivant, de tisser une relation privilégiée avec lui, peut être extraordinairement valorisant et gratifiant.

Le chat devient alors bien plus qu'un simple animal de compagnie : il est un confident, un compagnon de route, un être cher à chérir et à protéger. Prendre soin de lui au quotidien, veiller à son bien-être, guetter ses ronronnements de contentement, voilà autant de petits bonheurs simples qui peuvent redonner du sens et du sel à l'existence.

C'est d'autant plus vrai que les chats, par leur nature indépendante et leur tempérament calme, sont souvent perçus comme des compagnons peu contraignants, faciles à vivre. Contrairement à un chien qui a besoin de sorties régulières et d'activité physique intense, un chat s'adapte généralement bien à la vie en intérieur et au rythme plus paisible des seniors.

Sa présence se fait douce et discrète, rassurante et apaisante, sans être envahissante ou épuisante. Pour un résident d'EHPAD en perte de repères et d'autonomie, c'est un atout de taille : il peut profiter de la compagnie réconfortante de son chat sans se sentir dépassé ou sur responsabilisé.

Les moments passés à le caresser, à jouer avec lui ou simplement à l'observer pendant sa sieste sont autant de parenthèses de douceur et de légèreté bienvenues dans un quotidien parfois pesant. Mais les bénéfices de cette relation privilégiée vont bien au-delà d'un simple réconfort moral.

De nombreuses études scientifiques ont en effet démontré l'impact positif des interactions avec un animal sur la santé globale des personnes âgées. Au niveau physique, caresser un chat, le brosser ou jouer avec lui sont autant d'activités douces qui favorisent une certaine mobilité, une souplesse des articulations.

C'est précieux pour des seniors qui ont souvent tendance à se recroqueviller sur eux-mêmes et à bouger de moins en moins. Le simple fait de devoir se lever pour remplir la gamelle ou changer la litière du chat est une motivation supplémentaire pour rester actif, pour marcher un peu chaque jour.

Et que dire des bienfaits de la "ronronthérapie" ? Ce doux son si apaisant produit par nos amis félins à un effet relaxant prouvé. Il peut aider à diminuer le stress, l'anxiété, mais aussi à abaisser la pression artérielle et le rythme cardiaque. Des atouts de taille pour des seniors fragilisés !

Au niveau mental, la présence d'un chat est une formidable stimulation cognitive. S'en occuper, guetter ses besoins, interpréter son langage corporel, se remémorer des anecdotes félines... Voilà autant d'occasions de faire travailler sa mémoire, sa concentration, sa capacité à prendre des décisions.

Pour des personnes âgées qui peuvent avoir tendance à se renfermer sur elles-mêmes et à se désengager peu à peu de leur environnement, ce lien avec un être vivant est une motivation puissante pour rester connecté au monde extérieur, pour garder une certaine acuité intellectuelle.

Mais c'est surtout au niveau émotionnel et relationnel que la magie féline opère dans toute sa splendeur en EHPAD. Pour des résidents qui souffrent souvent de solitude et d'isolement, malgré la présence du personnel et des autres pensionnaires, le chat devient un compagnon à part entière, une présence aimante et rassurante à laquelle se raccrocher.

Avec lui, pas besoin de faire la conversation ou de craindre le jugement : il offre son affection sans condition, avec une constance et une loyauté à toute épreuve. Pour des seniors fragilisés par les pertes et les deuils, ce lien unique est un réconfort émotionnel inestimable.

Le chat devient le dépositaire de leurs joies et de leurs peines, un confident fidèle et discret sur lequel on peut compter. Mais le félin ne fait pas seulement office de nounours géant rassurant. Il est aussi un formidable médiateur social, un trait d'union entre les résidents.

Combien de discussions et de fous rires partagés autour des facéties du matou de l'étage ? Combien de souvenirs d'enfance ressurgis en observant une partie de jeu entre deux pensionnaires et un chat joueur ? La présence féline favorise les échanges, les rencontres, les moments de complicité entre des personnes qui ne se seraient peut-être pas adressé la parole autrement.

C'est toute une micro-société qui se recrée autour de l'animal, avec ses rituels, ses anecdotes, ses petits plaisirs partagés. Pour des seniors en perte de lien social, c'est une bouffée d'oxygène inestimable, une façon de se sentir à nouveau partie prenante d'une communauté chaleureuse et bienveillante.

Bien sûr, pour que cette belle relation soit possible et épanouissante pour tous, certaines conditions doivent être réunies. L'établissement doit être en mesure d'accueillir l'animal dans de bonnes conditions, avec un espace adapté, un accès à l'extérieur sécurisé, une alimentation et des soins vétérinaires appropriés.

Les résidents doivent être volontaires et capables de s'occuper du chat, avec l'aide si besoin du personnel soignant ou des familles. Le bien-être et la sécurité de l'animal doivent toujours rester la priorité. Mais quand toutes ces conditions sont réunies, c'est une véritable bouffée de douceur et de vie qui s'invite entre les murs de l'EHPAD.

Les chats résidents, adoptés spécifiquement par l'établissement, deviennent de véritables mascottes, des membres à part entière de la communauté. Ils tissent des liens uniques avec chaque résident, s'adaptant à leurs besoins et leurs envies du moment.

Leur présence constante est rassurante, familière, comme un repère affectif dans un environnement parfois déroutant. Les chats visiteurs, eux, apportent une touche de nouveauté et de surprise lors de leurs passages réguliers. Qu'ils viennent d'une association spécialisée, d'une famille bénévole ou même d'un refuge voisin, leur venue est toujours très attendue par les résidents.

C'est l'occasion de caresses, de jeux, de moments de complicité partagée. Leur présence ponctuelle stimule et égaye, apportant une respiration bienvenue dans la routine de l'établissement. Que le chat soit résident permanent ou visiteur occasionnel, son impact sur le moral et le bien-être des seniors est indéniable.

Il est ce compagnon apaisant et bienveillant dont la seule présence suffit à adoucir les cœurs et apaiser les âmes. Avec lui à leurs côtés, les personnes âgées se sentent moins seules face à leurs angoisses et leurs tourments. Son ronronnement, doux comme une berceuse, les invite à se détendre, à lâcher prise, à savourer l'instant présent.

Alors, la prochaine fois que vous pousserez les portes d'une maison de retraite, prêtez attention à ces petites boules de poils qui se faufilent dans les couloirs ou se prélassent sur les genoux des résidents. Ce sont de véritables thérapeutes à quatre pattes, des magiciens du ronron qui œuvrent discrètement mais efficacement pour apaiser l'anxiété de nos aînés.

Grâce à eux, c'est un peu de douceur et d'émerveillement qui s'invite dans le grand âge, pour le plus grand bonheur de tous, humains comme félins.

Chats visiteurs, des bouffées de tendresse pour nos aînés

Si la présence permanente d'un chat résident peut apporter un réconfort continu et durable aux seniors en maison de retraite, les visites régulières de chats "invités" peuvent être tout aussi bénéfiques et précieuses. Ces bouffées de tendresse ponctuelles, qu'elles soient hebdomadaires ou mensuelles, sont de véritables rayons de soleil dans le quotidien parfois morne et routinier des résidents.

Imaginez un peu la scène : un beau matin, alors que les aînés sont tranquillement installés dans le salon commun, voilà que débarque une petite troupe de chats visiteurs, amenés par des bénévoles dévoués. Les minois curieux et les pelages soyeux de ces invités à quatre pattes attirent immédiatement l'attention et suscitent des sourires ravis.

Les résidents qui somnolaient dans leur fauteuil se redressent, les yeux pétillants d'intérêt. Ceux qui discutaient se tournent vers les nouveaux venus, impatients de les accueillir. En quelques instants, l'atmosphère de la pièce se transforme, comme traversée par un souffle de gaieté et de douceur.

Les chats, eux, explorent tranquillement ce nouvel environnement, se faufilant entre les jambes des résidents, sautant délicatement sur les genoux accueillants, quémandant des caresses avec des miaulements irrésistibles. Et nos aînés ne se font pas prier pour répondre à ces sollicitations affectueuses !

Les mains ridées et parfois tremblantes se tendent pour caresser les petites têtes félines, pour grattouiller les mentons, pour flatter les dos arqués de plaisir. Les sourires s'épanouissent sur les visages marqués par le temps, les rires fusent quand un chat facétieux fait une pirouette ou se roule sur le dos avec un ronronnement sonore.

C'est que la présence de ces doux visiteurs est une véritable bouffée d'oxygène pour nos seniors. Dans le cadre parfois un peu triste et aseptisé de l'EHPAD, cette irruption de vie, de spontanéité et de tendresse apporte une touche de fantaisie et de chaleur bienvenue.

Pour des résidents qui peuvent souffrir d'isolement, de solitude ou d'ennui, ces moments de complicité féline sont une parenthèse enchantée dans leur journée. Mais au-delà de ce réconfort immédiat, les visites de chats ont aussi des bienfaits plus profonds et durables sur le moral et le bien-être de nos aînés.

Comme nous l'avons vu dans la section précédente, les interactions avec un animal, même brèves, stimulent la production d'hormones du bien-être comme la sérotonine et l'ocytocine, tout en diminuant le taux de cortisol, l'hormone du stress. Ainsi, caresser un chat visiteur, sentir sa chaleur et entendre son ronronnement apaisant, c'est offrir à son corps et à son esprit une véritable cure de douceur et de détente.

C'est un moyen naturel et non médicamenteux de réduire l'anxiété, d'apaiser les tensions et de se sentir plus serein et détendu. Pour des personnes âgées qui peuvent souffrir de douleurs chroniques, de raideurs articulaires ou de troubles du sommeil liés à l'anxiété, ce moment de relaxation féline est un vrai baume apaisant.

Certains résidents confient même que la visite de leur chat préféré est plus efficace qu'un anxiolytique pour les aider à se détendre et à trouver le sommeil ! Mais les bienfaits des chats visiteurs ne s'arrêtent pas là. Leur présence encourage aussi nos aînés à bouger, à se lever pour aller à leur rencontre, à tendre les bras pour les caresser.

C'est une motivation supplémentaire pour faire travailler en douceur leur motricité, leur souplesse, leur équilibre. Quand un chat saute sur leurs genoux, ils doivent ajuster leur posture, mobiliser leurs muscles pour le soutenir et le caresser. Quand un chat joueur les invite à agiter un plumeau ou à lancer une petite balle, ils stimulent leur coordination et leur dextérité.

Tous ces petits mouvements, même limités, sont précieux pour entretenir leur capital physique et lutter contre la perte d'autonomie. Mais c'est surtout au niveau social et relationnel que la magie des chats visiteurs opère. Leur arrivée dans le salon commun est à chaque fois un événement fédérateur, qui crée du lien et des interactions entre les résidents.

Même les plus timides ou les plus renfermés se laissent gagner par l'enthousiasme collectif et se joignent aux conversations. On échange des souvenirs de chats autrefois aimés, on se remémore des anecdotes touchantes ou amusantes, on partage ses préférences en matière de races ou de couleurs de pelage.

Les liens se tissent, les sourires se répondent, une joyeuse complicité s'installe. Pour des personnes âgées qui peuvent avoir tendance à se replier sur elles-mêmes, ces moments de partage et de convivialité sont une bouffée d'air frais salvatrice. Et que dire des interactions avec les bénévoles qui accompagnent les chats visiteurs ?

Ces hommes et ces femmes de cœur, qui donnent de leur temps et de leur amour pour apporter un peu de douceur dans la vie de nos aînés, deviennent souvent des visages familiers et réconfortants. Ils prennent des nouvelles, écoutent les confidences, prodiguent une attention bienveillante.

Pour des résidents qui peuvent se sentir oubliés ou délaissés par la société, ce lien intergénérationnel chaleureux est un cadeau inestimable. Grâce aux chats, c'est aussi un pont qui se crée entre l'EHPAD et le monde extérieur, une ouverture sur la vie et ses petits bonheurs simples.

Bien sûr, pour que ces visites félines soient une réussite, une certaine organisation est nécessaire. Les chats visiteurs doivent être soigneusement sélectionnés pour leur tempérament doux et sociable, et être habitués à évoluer dans des environnements variés.

Ils doivent être à jour de leurs vaccins et en bonne santé, pour ne pas risquer de transmettre des maladies aux résidents fragiles. Les bénévoles qui les accompagnent doivent être formés pour gérer les interactions en douceur, pour s'adapter au rythme et aux besoins de chaque résident.

L'EHPAD doit aussi prévoir un espace adapté pour accueillir ces petits invités, avec des jouets, des paniers douillets, des gamelles d'eau fraîche. Mais quand toutes ces conditions sont réunies, c'est une véritable bouffée de tendresse et de joie de vivre qui s'invite dans l'établissement.

Les chats visiteurs deviennent de véritables mascottes, attendues avec impatience et accueillies avec des exclamations ravies. Leur simple présence suffit à égayer les cœurs et à alléger les soucis, le temps d'un ronronnement complice. Et les bienfaits de ces visites ne s'arrêtent pas aux portes de l'EHPAD.

Pour les familles des résidents, savoir que leur parent ou grand-parent bénéficie de ce réconfort félin est un vrai soulagement. Ils sont rassurés de le savoir entouré, stimulé, réconforté par ces doux compagnons à quatre pattes. Lors de leurs propres visites, ils peuvent partager ces moments de complicité féline, évoquer ensemble les souvenirs heureux de chats passés, se réjouir de voir leur proche s'animer et s'attendrir au contact d'un chaton joueur.

C'est un sujet de conversation positif et fédérateur, qui renforce les liens familiaux et apporte une touche de légèreté dans des moments parfois délicats émotionnellement. Certaines familles vont même jusqu'à adopter elles-mêmes un chat, pour prolonger ces bienfaits à domicile lors des visites de leur aîné.

Le félin devient alors un trait d'union affectif entre l'EHPAD et la maison, un repère rassurant et un sujet de complicité intergénérationnelle. Alors, la prochaine fois que vous entendrez parler d'un programme de visites félines dans un EHPAD, ne vous y trompez pas : ce ne sont pas "juste" des chats qui franchissent le seuil de l'établissement.

Ce sont de véritables ambassadeurs de tendresse, des magiciens du ronronnement qui viennent dispenser leur douceur et leur réconfort à nos aînés. Chaque caresse échangée, chaque regard complice, chaque éclat de rire suscité par leurs facéties est un petit miracle qui vient égayer le cœur des résidents et apaiser leurs angoisses.

Dans un monde parfois dur et solitaire, les chats visiteurs sont une invitation à s'émerveiller, à s'attendrir et à se sentir profondément vivant et connecté. Alors, ouvrons grand les portes de nos maisons de retraite à ces doux thérapeutes à quatre pattes !

Accueillons-les avec reconnaissance et laissons-les répandre leur magie ronronnante auprès de ceux qui en ont le plus besoin. Car s'il est une chose que les chats savent faire à la perfection, c'est nous rappeler que la vie, malgré les épreuves et les tourments, reste infiniment douce et précieuse.

Chapitre 26 : Le chat, un allié des enfants anxieux

L'enfance, cette période de découvertes et d'apprentissages, peut aussi être un moment de grande vulnérabilité émotionnelle. Pour de nombreux enfants, l'anxiété est une compagne de route envahissante qui peut assombrir leur quotidien et entraver leur épanouissement.

Peurs du noir, de l'abandon, de l'échec, angoisses de séparation, timidité paralysante... Autant de défis émotionnels qui peuvent sembler insurmontables pour un petit être en quête de repères et de sécurité. Face à ces tourments intérieurs, la présence rassurante et l'affection inconditionnelle d'un chat peuvent faire toute la différence.

Ces petits compagnons à quatre pattes ont un don merveilleux pour apaiser les cœurs et réconforter les âmes en peine, tout particulièrement celles des enfants. Dans ce chapitre, nous allons explorer en détail comment le chat peut devenir un véritable allié thérapeutique pour les enfants souffrant d'anxiété, offrant réconfort, sécurité et soutien au cœur des tempêtes émotionnelles.

Tout d'abord, il est essentiel de comprendre que le lien qui unit un enfant à son chat est d'une nature très particulière. Pour un petit être en quête de repères affectifs, le chat incarne souvent un idéal de douceur, de stabilité et de constance. Contrairement aux relations humaines parfois complexes et changeantes, l'amour d'un chat est perçu comme inconditionnel et indéfectible.

Quoi qu'il arrive, il sera toujours là, fidèle au poste, prêt à offrir câlins et ronronnements réconfortants. Cette présence rassurante est un ancrage précieux pour un enfant anxieux, souvent en proie aux doutes et aux incertitudes. Savoir que son petit compagnon l'attend à la maison, l'accueillera avec des miaulements joyeux et se blottira contre lui avec bonheur, c'est comme avoir un phare dans la nuit, un point de repère affectif inébranlable.

Avec son chat à ses côtés, l'enfant se sent moins seul, moins vulnérable face à ses peurs et ses angoisses. Mais le réconfort félin va bien au-delà d'une simple présence apaisante. Les chats ont aussi ce pouvoir merveilleux de créer autour d'eux une bulle de douceur et de sérénité, comme un cocon protecteur où les soucis et les tourments semblent s'évanouir.

Leur calme légendaire, leur capacité à savourer l'instant présent et à trouver le bonheur dans les petits plaisirs simples de la vie sont autant de leçons de sagesse pour un enfant anxieux. À leurs côtés, on apprend à ralentir, à respirer, à s'ancrer dans le moment présent plutôt que de se projeter sans cesse dans des scénarios catastrophes.

Leur ronronnement apaisant, leurs câlins réconfortants, leur présence douce et rassurante sont autant d'invitations à lâcher prise, à se détendre et à se sentir en sécurité. Pour un petit être en proie à des angoisses envahissantes, cette parenthèse de sérénité est un cadeau inestimable.

Mais les bienfaits du chat ne s'arrêtent pas là. Prendre soin de son petit compagnon, veiller à son bien-être, répondre à ses besoins, c'est aussi pour l'enfant une formidable source de valorisation et de confiance en soi. En se sentant responsable et capable de s'occuper d'un être vivant, il gagne en assurance et en estime de lui-même.

C'est un apprentissage précieux pour un enfant anxieux, souvent enclin à douter de ses capacités et à se sentir impuissant face aux défis du quotidien. Nourrir son chat, changer sa litière, jouer avec lui, lui prodiguer câlins et brossages... Autant de petits gestes du quotidien qui deviennent des victoires, des preuves tangibles de sa capacité à agir sur le monde et à prendre soin de ceux qu'il aime.

Jour après jour, l'enfant intériorise un sentiment de compétence et de maîtrise qui l'aide à apprivoiser ses peurs et à affronter ses angoisses avec plus de sérénité. Mais la relation enfant-chat n'est pas à sens unique. Si l'enfant prend soin de son petit compagnon, ce dernier le lui rend au centuple en lui offrant un soutien affectif sans faille.

Les chats ont ce don merveilleux de percevoir les émotions de leurs humains et de s'adapter en conséquence. Un enfant anxieux, stressé ou triste émettra des signaux subtils que son chat saura décoder avec une finesse étonnante. Il viendra alors se blottir contre lui, lui offrir un câlin réconfortant, ronronner doucement pour l'apaiser et le rassurer.

C'est comme un langage secret, une communication intuitive qui se passe de mots mais qui dit tout l'essentiel : "Je suis là, tu n'es pas seul, tout ira bien". Pour un enfant en proie à des tourments intérieurs, ce soutien silencieux est d'une valeur inestimable. Mais le chat n'est pas seulement un confident et un consolateur hors pair.

Il est aussi un formidable compagnon de jeu et d'aventures, un partenaire idéal pour explorer le monde avec un regard neuf et émerveillé. Pour un enfant anxieux, souvent paralysé par ses peurs et ses incertitudes, le chat est une invitation à oser, à se lancer, à laisser libre cours à sa créativité et à sa spontanéité.

Ensemble, ils inventent des histoires, construisent des cabanes, partent à la chasse aux trésors imaginaires... Autant de parenthèses enchantées où l'anxiété n'a plus sa place, éclipsée par la joie et l'excitation du moment présent. En jouant avec son chat, l'enfant réapprend à lâcher prise, à s'amuser sans se soucier du regard des autres ou de la peur de l'échec.

Il expérimente la liberté et l'insouciance, deux contrepoisons puissants à l'anxiété. Mais au-delà du jeu, le chat est aussi un merveilleux support de communication et d'expression pour un enfant anxieux. Combien de confidences murmurées dans une petite oreille féline attentive ?

Combien de chagrins et de peurs confiés à un ami à quatre pattes, toujours prêt à écouter sans juger ? Pour un enfant qui peine parfois à mettre des mots sur ses tourments intérieurs, pouvoir se confier à son chat est une soupape précieuse.

Il peut lui raconter ses journées, lui faire part de ses tracas, exprimer ses émotions sans crainte d'être incompris ou rejeté. Le chat accueille ces confidences avec une bienveillance tranquille, offrant simplement la douceur de sa présence et la chaleur de son soutien.

Pour l'enfant, c'est le début d'un apprentissage crucial : celui de reconnaître, d'exprimer et d'apprivoiser ses émotions, même les plus difficiles. Mais la relation enfant-chat ne se limite pas à la sphère intime et familiale. De plus en plus, les bienfaits des chats pour les enfants anxieux sont reconnus et utilisés dans un cadre thérapeutique.

Psychologues, thérapeutes et éducateurs intègrent désormais des chats dans leurs séances, exploitant leur pouvoir apaisant et leur capacité à créer du lien pour aider les enfants à s'ouvrir et à progresser. En présence d'un chat, l'enfant anxieux se sent plus détendu, plus en confiance.

Il se livre plus facilement, exprime ses émotions avec plus de spontanéité. Le chat devient un médiateur précieux, un pont affectif entre l'enfant et le thérapeute. Il facilite la communication, désamorce les tensions, crée un climat de sécurité et de bienveillance propice aux confidences et au travail thérapeutique.

Certains programmes innovants vont encore plus loin, en proposant à des enfants anxieux de devenir eux-mêmes "thérapeutes" pour des chats en difficulté. En s'occupant d'un chat craintif ou stressé, en l'aidant patiemment à surmonter ses peurs et à reprendre confiance, l'enfant vit une expérience extraordinairement valorisante.

Il se découvre capable d'aider et de guérir, de faire une différence positive dans la vie d'un être vivant. C'est une leçon de vie inestimable pour un petit être souvent en proie au doute et à l'impuissance. En aidant un chat à vaincre ses peurs, l'enfant apprend aussi à apprivoiser les siennes.

Il expérimente le pouvoir de la patience, de l'empathie et de la persévérance, trois alliés précieux pour faire face à l'anxiété. Mais pour que cette belle relation thérapeutique entre un enfant et un chat puisse s'épanouir, certaines conditions sont essentielles.

Il est crucial que l'animal soit bien socialisé, équilibré et en bonne santé, pour pouvoir offrir à l'enfant un soutien affectif de qualité. Le bien-être et la sécurité du chat doivent toujours rester la priorité, avec un suivi vétérinaire régulier et une attention constante à ses besoins spécifiques.

Il est aussi important de respecter le rythme et la personnalité de chaque duo enfant-chat. Certains seront fusionnels et tactiles, d'autres plus distants et contemplatifs. L'essentiel est que chacun trouve en l'autre un compagnon de route bienveillant et respectueux, une présence rassurante et apaisante sur le chemin parfois escarpé de la vie.

Enfin, il est fondamental d'impliquer les parents et les éducateurs dans cette démarche thérapeutique. En les sensibilisant aux bienfaits des chats pour les enfants anxieux, en les guidant dans la création d'un environnement sécurisant et épanouissant pour le duo enfant-chat, on optimise les chances de succès et de bien-être pour tous.

Car finalement, c'est bien de cela qu'il s'agit : offrir à nos enfants les clés d'un mieux-être durable, d'une confiance en soi retrouvée et d'une sérénité intérieure. Et si ces clés peuvent prendre la forme d'un doux ronronnement, d'un câlin soyeux et d'un regard émeraude empli de sagesse féline, alors ne boudons pas notre plaisir !

Laissons la magie des chats opérer, et offrons à nos petits cette chance unique de grandir et de s'épanouir avec un compagnon à quatre pattes aimant et rassurant à leurs côtés. Car c'est peut-être ça, le plus beau cadeau que nous puissions leur faire : la certitude qu'ils ne seront jamais seuls face à leurs peurs et leurs doutes, et que la vie, malgré ses défis, peut être douce et merveilleuse.

Alors, ouvrons grand nos cœurs et nos foyers à ces petits thérapeutes à moustaches, et laissons-les tisser avec nos enfants des liens uniques et précieux, au fil des ronrons et des câlins partagés. L'anxiété n'a qu'à bien se tenir, car avec un chat comme allié, rien ne semble plus insurmontable !

Le chat, un allié thérapeutique pour les enfants anxieux

Mais le chat n'est pas seulement un compagnon apaisant et réconfortant pour les enfants anxieux. Il peut aussi devenir un véritable allié thérapeutique, un partenaire de soins dont la présence et les interactions sont intégrées dans un processus de guérison et de mieux-être.

C'est tout le principe de la zoothérapie féline, une approche encore méconnue mais qui gagne peu à peu en reconnaissance dans les milieux de la santé mentale. La zoothérapie, ou thérapie assistée par l'animal, repose sur l'idée que la présence et les interactions avec un animal spécifiquement sélectionné et entraîné peuvent avoir des effets bénéfiques sur la santé physique, mentale et émotionnelle des patients.

Longtemps cantonnée à l'utilisation des chiens, cette pratique s'ouvre aujourd'hui à d'autres espèces, dont les chats, qui se révèlent des thérapeutes particulièrement doués pour les enfants souffrant d'anxiété. Leur tempérament calme et posé, leur contact doux et apaisant, leur attitude non jugeante et leur capacité à créer du lien sans être intrusifs en font des médiateurs idéaux pour des petits patients souvent sur la défensive, repliés sur eux-mêmes ou en difficulté pour communiquer.

Avec un chat à leurs côtés, ces enfants se sentent en sécurité, acceptés tels qu'ils sont. Ils peuvent interagir à leur rythme, sans pression ni attente, ce qui favorise peu à peu leur ouverture et leur engagement dans la relation thérapeutique. Concrètement, les séances de zoothérapie féline se déroulent généralement en individuel ou en petit groupe, sous la conduite d'un thérapeute formé et avec un chat rigoureusement sélectionné pour ses qualités relationnelles et sa capacité à intervenir en milieu de soin.

Tout commence par une phase de prise de contact, où l'enfant et le chat apprennent à se connaître, à s'apprivoiser mutuellement. C'est un moment clé pour établir un climat de confiance et de sécurité affective, prérequis indispensable à tout travail thérapeutique.

Ensuite, au fil des séances, l'enfant est invité à interagir avec le chat de différentes manières, en fonction de ses capacités et de ses envies : le caresser, jouer avec lui, lui prodiguer quelques soins, ou simplement profiter de sa présence apaisante. Chaque interaction devient une opportunité de travailler sur les compétences sociales, la gestion des émotions, la confiance en soi, la motricité ou encore le langage.

Le chat devient un support de communication, un facilitateur de lien, un révélateur des ressources et des progrès de l'enfant. Pour un petit patient anxieux, souvent en difficulté pour exprimer ses ressentis ou entrer en relation, pouvoir ainsi nouer un lien privilégié avec un être vivant bienveillant est une expérience extraordinairement valorisante et réparatrice.

En s'ouvrant au chat, en prenant soin de lui, en vivant des moments de complicité et de jeu, l'enfant réapprend peu à peu à faire confiance, à s'exprimer, à prendre sa place dans l'échange. Il expérimente un sentiment nouveau de compétence et de maîtrise, qui l'aide à dépasser ses peurs et ses inhibitions.

Mais pour que cette magie opère, le chat doit présenter des qualités bien spécifiques. Tous les félins ne peuvent pas devenir thérapeutes ! Ceux qui se destinent à ce rôle si particulier sont repérés dès leur plus jeune âge par des éleveurs spécialisés, qui vont leur prodiguer une éducation adaptée pour développer leur sociabilité, leur adaptabilité et leur tolérance au stress.

Car intervenir en milieu de soin, au contact de patients fragiles, est une véritable gageure pour un chat, animal territorial et attaché à ses habitudes. Il doit apprendre à gérer des situations nouvelles, des environnements changeants, des sollicitations parfois maladroites ou intrusives, tout en restant disponible et à l'écoute de son patient.

C'est un véritable travail d'équilibriste, qui demande des qualités exceptionnelles de stabilité émotionnelle, de patience et de bienveillance. Les chats sélectionnés pour la zoothérapie sont de véritables perles rares, des êtres d'exception qui mettent leur intelligence émotionnelle et leur sensibilité au service du mieux-être de leurs petits patients humains.

Mais leur bien-être à eux est tout aussi important. Un chat thérapeute n'est pas un outil de soin que l'on utilise à volonté, sans se soucier de ses besoins et de ses limites. C'est un partenaire à part entière de la relation thérapeutique, qui doit être respecté et choyé pour pouvoir donner le meilleur de lui-même.

Le thérapeute doit donc être constamment à l'écoute des signaux subtils que lui envoie le chat, pour s'assurer qu'il est en confiance et disposé à interagir. Il doit savoir détecter les signes de stress ou de fatigue, et adapter le déroulement de la séance en conséquence.

C'est à ce prix que peut s'établir une véritable alliance thérapeutique entre l'enfant, le chat et le soignant. Une alliance basée sur la confiance, le respect mutuel et la bienveillance, où chacun est reconnu dans sa singularité et valorisé pour sa contribution unique au processus de soin.

Dans cet espace relationnel si particulier, l'enfant anxieux peut enfin se sentir en sécurité pour explorer ses difficultés, exprimer ses émotions et oser de nouveaux comportements. Séance après séance, au contact de son partenaire félin, il va peu à peu apprivoiser ses peurs, dépasser ses inhibitions, regagner confiance en lui et en sa capacité à créer du lien.

Les progrès sont souvent spectaculaires, tant sur le plan émotionnel que comportemental. Des enfants mutiques se mettent à parler au chat, puis au thérapeute. Des petits patients figés dans leurs rituels anxieux s'ouvrent à de nouvelles expériences. Des regards fuyants s'illuminent, des sourires timides fleurissent, des rires résonnent là où régnaient silence et repli sur soi.

Bien sûr, la zoothérapie féline n'est pas une solution miracle. Elle ne peut se substituer à une prise en charge globale, associant suivi psychologique, soutien familial et aménagements pédagogiques. Mais elle est un outil précieux, complémentaire, qui peut considérablement accélérer et enrichir le processus thérapeutique.

En offrant à l'enfant anxieux un espace de sécurité affective et d'expérimentation bienveillante, en lui permettant de vivre des expériences relationnelles positives et valorisantes, elle l'aide à se réconcilier avec lui-même et avec le monde qui l'entoure. Et les bénéfices ne s'arrêtent pas là.

Car au-delà des séances de thérapie, la relation privilégiée qui se tisse entre l'enfant et son chat partenaire entraîne souvent des répercussions positives sur tout son écosystème familial et social. Forts de leur nouvelle assurance et de leurs compétences relationnelles, les petits patients parviennent peu à peu à généraliser leurs acquis à d'autres sphères de leur vie.

Ils s'ouvrent davantage à leurs proches, participent plus volontiers aux activités familiales et scolaires, nouent plus facilement des amitiés avec leurs pairs. C'est toute une dynamique vertueuse qui s'enclenche, où chaque progrès en entraîne un autre, chaque réussite alimente la suivante.

L'enfant anxieux qui se sentait si vulnérable et isolé réapprend peu à peu à faire confiance à la vie, à s'appuyer sur ses ressources intérieures et sur le soutien bienveillant de son entourage pour affronter ses défis quotidiens. Et dans cette merveilleuse aventure de reconstruction et d'épanouissement, le chat thérapeute est bien plus qu'un simple adjuvant : c'est un véritable compagnon de route, un guide bienveillant qui ouvre la voie vers un mieux-être durable.

Alors, si votre enfant souffre d'anxiété, n'hésitez pas à vous renseigner sur les programmes de zoothérapie féline proposés près de chez vous. Et si cette option n'est pas disponible, rappelez-vous que la simple présence aimante et rassurante d'un chat à la maison peut déjà faire des merveilles.

En offrant à votre enfant un compagnon de jeu, de tendresse et de complicité, en lui permettant de tisser un lien affectif sécurisant avec un être vivant bienveillant, vous posez déjà les bases d'une précieuse alliance thérapeutique au quotidien. Votre chat de compagnie peut devenir un véritable partenaire de soin, un allié silencieux mais ô combien efficace dans le combat de votre enfant contre l'anxiété.

Alors, laissez la magie féline opérer, offrez à votre petit la chance de grandir et de s'épanouir au doux rythme des ronronnements et des câlins. Votre patience et votre bienveillance, conjuguées à la présence apaisante de votre chat, seront vos meilleures armes pour aider votre enfant à apprivoiser ses peurs et à déployer ses ailes.

Ensemble, pas à pas, ronron après ronron, vous l'accompagnerez avec amour sur le chemin de la confiance et de la sérénité retrouvées.

Chapitre 27 : Ronrons, câlins, jeux

Vous avez compris à quel point la présence apaisante et l'affection inconditionnelle de votre chat peuvent être de précieux alliés dans votre combat contre l'anxiété. Mais pour en tirer tous les bénéfices, il est essentiel de créer une relation de complicité et de confiance avec votre compagnon félin, basée sur une compréhension mutuelle et un respect profond de ses besoins.

C'est là que réside tout l'art de vivre avec un chat : apprendre à décoder son langage, à répondre à ses attentes, à lui offrir un environnement sécurisant et épanouissant où il pourra exprimer pleinement sa nature. Dans ce chapitre, nous allons explorer ensemble les clés d'une cohabitation harmonieuse et thérapeutique avec votre chat.

Vous découvrirez comment mettre en place des rituels de jeu, de câlins et de détente qui vous aideront, vous et votre félin, à évacuer le stress et à cultiver un bien-être partagé au quotidien. Car s'occuper de votre chat, c'est aussi prendre soin de vous : en tissant des liens privilégiés avec lui, en partageant des moments de douceur et de complicité, vous créez un espace de sérénité et de réconfort mutuel qui vous aide à mieux gérer vos angoisses.

Tout commence par une observation attentive et bienveillante de votre compagnon. Les chats sont des êtres sensibles et expressifs, qui communiquent en permanence par leur langage corporel, leurs miaulements, leurs ronronnements. Apprenez à repérer les signes subtils qui trahissent leur humeur, leurs envies, leurs besoins : une queue qui s'agite nerveusement, des oreilles couchées en arrière, des pupilles dilatées, un dos arrondi...

Autant d'indices qui vous permettront de mieux comprendre votre chat et d'adapter votre comportement en conséquence. Car contrairement aux idées reçues, les chats ne sont pas des créatures distantes et indépendantes, insensibles à leur environnement.

Ce sont au contraire des êtres profondément territoriaux et attachés à leurs habitudes, qui ont besoin de repères stables et rassurants pour se sentir en sécurité. Un chat anxieux est souvent un chat qui se sent désorienté, menacé dans son espace vital, bousculé dans ses rituels quotidiens.

Votre premier défi sera donc de lui offrir un cadre de vie prévisible et confortable, où il pourra évoluer sereinement à son rythme. Concrètement, cela passe par l'aménagement d'un territoire félin accueillant et stimulant, avec des zones de repos douillettes, des cachettes où se réfugier, des points d'observation en hauteur, des jouets et des griffoirs pour se dépenser.

Veillez à ce que votre chat ait toujours à disposition de l'eau fraîche, une litière propre et des gamelles éloignées des sources de stress potentielles (bruits, passages...). Respectez aussi scrupuleusement ses habitudes alimentaires et sa routine quotidienne, car les chats sont des créatures d'habitudes qui détestent les changements brusques.

Mais l'environnement physique n'est qu'une partie de l'équation. Pour aider votre chat à se sentir parfaitement à l'aise et épanoui, vous devez aussi lui offrir une présence rassurante et bienveillante, à l'écoute de ses besoins affectifs. Les chats sont des êtres sociaux, qui ont besoin d'interactions positives régulières avec leur humain de cœur pour tisser une relation de confiance et se sentir en sécurité.

Contrairement aux idées reçues, ils ne sont pas farouchement solitaires et apprécient les moments de complicité partagée, pour peu qu'ils soient initiés dans le respect de leur personnalité et de leurs limites. Concrètement, cela signifie être disponible et à l'écoute, sans être intrusif ou étouffant.

Laissez votre chat venir à vous quand il en ressent l'envie ou le besoin, accueillez-le avec douceur et bienveillance, en respectant ses signaux d'apaisement ou de recul. Ne le forcez jamais à interagir s'il n'en a pas envie, ne le brusquez pas dans ses retranchements.

Les chats sont des êtres subtils et sensibles, qui accordent leur confiance avec parcimonie. Il faut savoir se montrer patient et constant dans la relation, accepter leurs moments de retrait et d'indépendance sans les vivre comme un rejet. Car contrairement au chien qui est en demande permanente d'attention, le chat a besoin de moments de solitude et de tranquillité pour se ressourcer et évacuer son stress.

Respectez son sommeil, ses siestes, ses contemplations rêveuses. Ne le dérangez pas quand il se repose ou se toilette, n'interrompez pas brutalement ses activités. Apprenez à repérer les signes qui montrent qu'il est disposé à jouer ou à recevoir des caresses, comme des frottements insistants contre vos jambes, des miaulements courts, une queue dressée qui frétille doucement.

Le jeu est un moment privilégié pour tisser des liens avec votre chat tout en l'aidant à évacuer ses tensions. Contrairement aux idées reçues, les chats adorent jouer et ont besoin de séances ludiques régulières pour se dépenser physiquement et stimuler leurs instincts de chasseurs.

Mais attention à ne pas les surmener ou les frustrer : les séances de jeu ne doivent pas excéder une dizaine de minutes, avec des pauses régulières pour permettre à votre chat de se reposer et de reprendre son souffle. Privilégiez des jouets qui stimulent son instinct de prédation, comme des souris en peluche, des balles à grelots, des plumiers au bout d'une ficelle.

Faites bouger le leurre de manière imprévisible et excitante, en imitant les mouvements d'une proie, avec des accélérations, des pauses, des changements de direction. Laissez votre chat bondir, griffer, mordiller, comme il le ferait avec une vraie souris. Et surtout, laissez-le gagner de temps en temps, attraper son jouet pour le "tuer" fièrement, afin de ne pas le frustrer.

Le jeu doit rester un moment de plaisir partagé, pas une compétition ou un rapport de force. Les moments de câlins sont tout aussi importants pour nourrir votre relation et apaiser mutuellement vos angoisses. Les chats sont de grands amateurs de caresses et de massages, qui stimulent la production d'ocytocine, l'hormone du bien-être et de l'attachement.

Mais là encore, il est essentiel de respecter leurs préférences et leurs limites en termes de contact physique. Certains chats adorent les grattouilles sous le menton et les caresses le long du dos, d'autres préfèrent les effleurements doux sur la tête et les joues.

Observez les réactions de votre félin, ses expressions de plaisir ou d'agacement, pour ajuster vos gestes en conséquence. Veillez aussi à ne pas le surexciter avec des caresses trop appuyées ou prolongées. Les chats ont une sensibilité exacerbée au toucher et peuvent vite se sentir envahis ou irrités par un contact trop intense.

Privilégiez des massages doux et apaisants, avec des mouvements lents et fluides qui suivent le sens du poil. Vous pouvez aussi utiliser un gant de toilettage en caoutchouc pour brosser délicatement son pelage, ce qui éliminera les poils morts tout en stimulant la circulation sanguine et la détente musculaire.

Mais le summum du bien-être partagé reste les séances de ronronthérapie, ces moments bénis où votre chat vient se lover contre vous en ronronnant de plaisir. Le ronronnement est en effet bien plus qu'une simple expression de contentement : c'est une véritable onde de guérison, dont les vibrations apaisantes se propagent dans tout votre corps et votre esprit.

Des études ont montré que le ronronnement du chat, émis à une fréquence de 25 à 150 Hz, a des vertus thérapeutiques avérées : il réduit le stress et l'anxiété, diminue la pression artérielle, soulage les douleurs, favorise la cicatrisation des plaies et la consolidation des os.

Alors n'hésitez pas à profiter pleinement de ces séances de ronronthérapie improvisées, en accueillant votre chat contre vous dès qu'il en manifeste l'envie. Installez-vous confortablement dans un endroit calme et chaleureux, fermez les yeux, et laissez-vous bercer par la douce musique de son ronron.

Respirez profondément en synchronisant votre souffle avec le sien, visualisez les vibrations bienfaisantes qui se diffusent dans chaque cellule de votre corps. Savourez cet instant de pur bonheur et de communion absolue, qui vous reconnecte à l'essentiel et vous aide à relativiser vos tracas quotidiens.

Car finalement, c'est bien de cela qu'il s'agit : réapprendre à vivre l'instant présent, dans la simplicité et la plénitude, aux côtés d'un être qui nous accepte inconditionnellement. Votre chat est un merveilleux professeur de mindfulness, de lâcher-prise et de quiétude.

En l'observant évoluer sereinement dans son environnement, en épousant son rythme tranquille et son insouciance féline, vous apprenez à apprivoiser vos angoisses et à savourer les petits bonheurs du quotidien. Progressivement, vous intégrez de nouveaux réflexes, de nouvelles habitudes qui font baisser durablement votre niveau de stress et d'anxiété.

Respirer profondément dès que vous sentez la panique vous gagner, comme votre chat qui s'étire langoureusement au soleil. Vous accordez des pauses régulières pour vous ressourcer et vous détendre, comme votre félin qui s'octroie de longues siestes réparatrices.

Être à l'écoute de vos besoins et de vos limites, comme votre compagnon qui sait s'éclipser quand il a besoin de calme et de solitude. Cultiver votre curiosité et votre émerveillement, comme ce chat joueur qui s'extasie d'une rai de lumière ou d'un brin d'herbe. Autant de leçons de sagesse féline qui vous aident, jour après jour, à mieux vivre avec votre anxiété.

Alors laissez-vous guider par votre doux compagnon à quatre pattes sur le chemin de la sérénité. Faites-lui confiance pour vous montrer la voie du bien-être et de l'apaisement, ronron après ronron, câlin après câlin. Avec lui à vos côtés, vous avez tout ce qu'il faut pour créer votre bulle de douceur et de réconfort, votre oasis de paix intérieure où vous ressourcer quand le monde devient trop lourd à porter.

Ensemble, tissez votre relation unique et précieuse, votre alliance thérapeutique sur mesure qui vous rendra plus fort face aux défis du quotidien. Votre chat est votre plus bel allié, votre compagnon de route bienveillant et apaisant sur le chemin de la guérison émotionnelle. Choyez-le, écoutez-le, faites-lui confiance. Il a tant à vous apprendre et à vous apporter.

Avec lui, créez votre routine bien-être personnalisée, votre programme anti-anxiété efficace et sur mesure. Jouez, câlinez, ronronnez, respirez, vivez l'instant présent. Et petit à petit, apprivoisez votre anxiété, comme vous avez apprivoisé votre merveilleux félin. La sérénité est à portée de pattes, il vous suffit de tendre la main et le cœur.

Créez votre bulle de sérénité féline

Maintenant que vous avez toutes les clés pour comprendre et cultiver cette merveilleuse relation thérapeutique avec votre chat, il est temps de passer à la pratique ! Dans cette section, nous allons explorer ensemble des astuces et des activités concrètes pour créer votre propre bulle de sérénité féline, un cocon de douceur et de réconfort où vous ressourcer quand l'anxiété vous submerge.

Tout commence par l'aménagement d'un environnement propice à la détente et au bien-être, pour vous comme pour votre chat. Pensez à créer des espaces douillets et confortables où vous pourrez vous blottir ensemble pour des séances de câlins et de ronrons apaisants.

Un plaid moelleux sur le canapé, un fauteuil confortable près de la fenêtre, un coin lecture tranquille avec un coussin pour votre chat... Autant de petits nids de douceur qui invitent à la relaxation et au lâcher-prise. N'oubliez pas d'inclure aussi des zones dédiées aux activités de votre chat, comme un arbre à chat, des jouets, des griffoirs.

Un chat qui peut exprimer pleinement ses comportements naturels est un chat heureux et équilibré, plus disposé à vous apporter du réconfort et de la sérénité. Veillez aussi à lui fournir un environnement stimulant et enrichissant, avec des jouets interactifs, des caches, des perchoirs pour observer son territoire.

Un chat épanoui, c'est un merveilleux compagnon de sérénité ! Pensez également à l'ambiance sensorielle de votre intérieur. Les chats sont très sensibles à leur environnement et peuvent être stressés par trop de bruit, d'agitation ou de stimulations.

Créez une atmosphère apaisante en privilégiant une lumière douce et tamisée, des couleurs pastel reposantes, une température confortable. Vous pouvez même diffuser des phéromones apaisantes ou de la musique relaxante spécialement conçue pour les chats.

Tout ce qui contribue au bien-être et à la sérénité de votre chat aura un impact positif sur votre propre niveau de stress et d'anxiété. Une fois votre petit cocon douillet aménagé, place aux activités et aux rituels anti-stress à partager avec votre boule de poils préférée !

Les possibilités sont infinies et ne dépendent que de votre imagination et des préférences de votre chat. Voici quelques idées pour vous inspirer :

- Instaurez un rituel de câlins matinal et/ou vespéral, un moment privilégié rien que pour vous deux, où vous prendrez le temps de vous blottir, de caresser votre chat, d'écouter son ronronnement apaisant. C'est une merveilleuse façon de commencer ou de terminer la journée sur une note douce et réconfortante, de faire le plein de douceur et de connexion.

- Initiez des séances de jeu interactif avec votre chat, en utilisant des jouets comme des plumiers, des lasers, des balles. Le jeu est un excellent moyen de renforcer votre complicité, mais aussi d'évacuer le stress et les tensions accumulées. Laissez libre cours à votre créativité et à votre spontanéité, amusez-vous comme un chaton ! C'est une véritable thérapie par le rire et la légèreté.

- Pratiquez la méditation ou le yoga en compagnie de votre chat. Sa présence apaisante et son énergie sereine peuvent vous aider à vous recentrer, à vous ancrer dans l'instant présent. Respirez profondément, focalisez votre attention sur les sensations de douceur et de chaleur de votre chat contre vous. Laissez son ronronnement vous bercer et vous guider vers un état de relaxation profonde.

- Instaurez un rituel de brossage ou de toilettage doux, un moment de connexion privilégié où vous prendrez soin de votre chat tout en vous relaxant. Le contact tactile et les gestes répétitifs ont un effet apaisant, pour vous comme pour votre félin. Profitez-en pour lui murmurer des paroles douces, pour lui exprimer votre affection et votre gratitude.

- Aménagez des temps de pause et de détente dans votre journée, où vous vous accorderez le droit de ne rien faire d'autre que de savourer la présence de votre chat. Observez-le dormir paisiblement, émerveillé-vous devant sa grâce et sa sérénité. Imprégnez-vous de son énergie tranquille, laissez-vous gagner par sa quiétude contagieuse.

- Tenez un journal de gratitude félin, où vous noterez chaque jour les petits bonheurs et les moments de douceur partagés avec votre chat. Cela vous aidera à focaliser votre attention sur le positif, à cultiver la reconnaissance et la joie. Relisez-le dans les moments d'anxiété pour vous rappeler tous ces instants magiques et réconfortants.

L'essentiel est de laisser votre créativité s'exprimer et de trouver les activités qui vous ressourcent et vous apaisent, en fonction de votre personnalité et de celle de votre chat. Expérimentez, ajustez, jusqu'à trouver votre propre recette du bonheur félin ! Le plus important est de cultiver cette relation unique, de la nourrir de présence, d'attention et de bienveillance.

N'hésitez pas non plus à adapter votre rythme de vie à celui de votre chat. Les félins sont des créatures d'habitude, qui apprécient les routines douces et prévisibles. En calquant votre quotidien sur le sien, vous gagnerez en sérénité et en apaisement.

Respectez ses temps de sieste et de repos, accordez-vous aussi des pauses régulières pour vous ressourcer. Adoptez son attitude détendue et nonchalante dès que possible, apprenez à décrocher et à savourer les petits plaisirs simples comme une séance de câlins ou un rayon de soleil.

Petit à petit, votre rythme effréné et stressant s'alignera sur celui, plus tranquille et apaisant, de votre compagnon félin. Vous apprendrez à ralentir, à être plus présent, à vous ancrer dans l'instant. Bien sûr, tout cela demande de la patience, de la constance et de la douceur.

Comme dans toute relation, il peut y avoir des moments de frustration, d'incompréhension, voire de tension. Votre chat peut avoir ses humeurs, ses périodes où il a besoin de plus d'espace et de solitude. Respectez ses besoins et ses limites, comme vous aimeriez qu'il respecte les vôtres.

La clé d'une relation épanouissante et thérapeutique avec votre chat est l'écoute mutuelle, le respect et la bienveillance. Soyez doux avec lui, mais aussi avec vous-même. Acceptez qu'il y ait des jours avec et des jours sans, des moments magiques et d'autres plus challenging.

Faites-vous confiance, faites confiance à votre chat et au lien unique qui vous unit. Avec le temps, la pratique et la patience, vous développerez une véritable complicité thérapeutique avec votre félin, une bulle de sérénité et de réconfort rien qu'à vous.

Sa simple présence deviendra un baume apaisant sur vos angoisses, un ancrage rassurant quand la vie devient trop agitée. Vous saurez instinctivement quand vous blottir contre lui pour vous ressourcer, quand partager un moment de jeu pour évacuer vos tensions.

Votre relation évoluera, s'approfondira, vous révélant chaque jour un peu plus la magie de ce lien si particulier. Peut-être même découvrirez-vous de nouvelles facettes de votre personnalité, de nouvelles ressources intérieures insoupçonnées. Car c'est aussi ça, la beauté de la relation thérapeutique avec un chat : elle nous invite à nous découvrir, à nous épanouir, à oser être pleinement nous-mêmes.

Alors, prêt à créer votre propre bulle de sérénité féline ? Laissez-vous guider par votre intuition et par la sagesse de votre chat. Faites confiance au processus, savourez chaque instant de complicité et de douceur. Et n'oubliez pas de cultiver la gratitude pour ce merveilleux compagnon à quatre pattes qui partage votre vie et vous aide à apprivoiser vos angoisses.

Chaque ronronnement, chaque câlin, chaque moment de présence partagée est un cadeau précieux, une perle de sérénité qui vous aide à avancer sur le chemin du mieux-être. Chérissez votre chat, chérissez votre lien unique, et laissez la magie opérer.

Ronron après ronron, jour après jour, vous construirez ensemble votre petit havre de paix intérieur, votre refuge douillet contre les tempêtes de la vie. Et qui sait, peut-être qu'à force de côtoyer la sérénité féline, vous finirez par développer vous aussi ce petit air sage et apaisé, ce regard tranquille posé sur le monde, qui semble dire "tout va bien, je suis là, en paix et en sécurité".

C'est tout ce que je vous souhaite, du fond du cœur. Alors, prêt à ronronner de bonheur et de quiétude ? Votre chat vous attend, pour un merveilleux voyage intérieur au pays de la plénitude féline.

Chapitre 28 : L'avenir prometteur des thérapies assistées

Les chats, ces merveilleux compagnons à quatre pattes, ont depuis longtemps été reconnus pour leur présence apaisante et leur capacité à nous réconforter dans les moments difficiles. Mais ce que l'on sait moins, c'est que leur pouvoir thérapeutique va bien au-delà d'un simple réconfort affectif.

Les thérapies assistées par le chat, ou "félinothérapie", représentent un domaine passionnant et prometteur, qui ne cesse de se développer et de susciter l'intérêt des chercheurs et des professionnels de santé. Depuis plusieurs décennies déjà, de nombreuses études scientifiques ont mis en évidence les bienfaits de la présence des chats sur notre santé physique et mentale.

Leur compagnie rassurante contribue à réduire le stress, l'anxiété et les symptômes dépressifs, tout en favorisant un sentiment de bien-être et de sérénité. Les ronronnements apaisants des chats, émis à une fréquence de 25 à 150 Hz, ont même été identifiés comme ayant des propriétés thérapeutiques, capables de soulager la douleur, de réduire la pression artérielle et de favoriser la guérison des tissus.

Mais les bénéfices des chats ne s'arrêtent pas là. Leur présence encourage aussi l'activité physique, la mobilité et l'interaction sociale, des éléments clés pour le maintien de la santé et de l'autonomie, en particulier chez les personnes âgées ou en situation de handicap.

Prendre soin d'un chat, le nourrir, jouer avec lui, le caresser, sont autant d'activités qui stimulent la motricité, renforcent le sentiment d'utilité et de responsabilité, et favorisent les échanges avec l'entourage. Fort de ces constats, les thérapies assistées par le chat se sont progressivement développées, s'invitant dans une variété de contextes : hôpitaux, maisons de retraite, centres de rééducation, établissements pour personnes handicapées, écoles spécialisées, etc.

Aux côtés de professionnels formés, des chats soigneusement sélectionnés et éduqués interviennent auprès de publics variés, de l'enfant autiste à la personne âgée atteinte de la maladie d'Alzheimer, en passant par les patients en rééducation post-traumatique ou les adultes souffrant de troubles anxieux.

Les programmes de félinothérapie sont conçus sur mesure, en fonction des besoins et des objectifs thérapeutiques de chaque bénéficiaire. Ils peuvent inclure des séances individuelles ou en groupe, des ateliers de soins et de toilettage du chat, des activités ludiques et d'apprentissage autour du bien-être félin, ou encore des moments privilégiés de relaxation et de câlins avec ces doux compagnons à quatre pattes.

Tout est pensé pour favoriser l'interaction, la communication et le lien émotionnel entre le patient et l'animal, dans un cadre bienveillant et sécurisant. Les résultats sont souvent spectaculaires : réduction de l'agitation et de l'agressivité chez les patients atteints de démence, amélioration des compétences sociales et de la communication chez les enfants autistes, diminution de la douleur et accélération de la récupération chez les patients en rééducation, regain d'estime de soi et de motivation chez les personnes dépressives...

Les exemples de réussites ne manquent pas et témoignent de l'extraordinaire potentiel thérapeutique de nos amis félins. Mais pour que cette belle promesse se concrétise pleinement, il est essentiel que les thérapies assistées par le chat s'appuient sur une démarche rigoureuse et éthique, respectueuse du bien-être animal.

Les chats intervenant en thérapie doivent être soigneusement sélectionnés pour leur tempérament et leurs aptitudes, puis formés et socialisés en douceur pour s'adapter aux différents environnements et types d'interactions. Leur santé et leur confort doivent être une priorité absolue, avec un suivi vétérinaire régulier, des temps de repos suffisants et un environnement adapté à leurs besoins spécifiques.

De même, les professionnels impliqués dans ces programmes, qu'ils soient thérapeutes, soignants, travailleurs sociaux ou éducateurs spécialisés, doivent bénéficier d'une formation solide en médiation animale, afin de comprendre et de maîtriser les enjeux et les spécificités de cette approche.

Une connaissance fine du comportement et des besoins des chats, ainsi que des problématiques des publics accompagnés, est indispensable pour concevoir des interventions pertinentes et efficaces, dans le respect de chacun. Enfin, pour asseoir la légitimité et la crédibilité des thérapies assistées par le chat, il est crucial de poursuivre et d'approfondir les recherches scientifiques sur le sujet.

Si les études menées jusqu'à présent ont permis de valider les bienfaits de la présence féline sur de nombreux aspects de la santé humaine, il reste encore beaucoup à explorer et à affiner pour optimiser ces interventions. Quels sont les mécanismes précis à l'œuvre dans la relation thérapeutique homme-chat ?

Quels sont les publics et les problématiques les plus à même de bénéficier de cette approche ? Quels sont les protocoles et les outils les plus pertinents pour évaluer l'efficacité de ces programmes ? Autant de questions passionnantes qui ouvrent la voie à de nouvelles pistes de recherche.

L'avenir des thérapies assistées par le chat s'annonce donc riche de promesses et d'opportunités. À l'heure où la santé mentale et le bien-être émotionnel sont des enjeux majeurs de notre société, où la demande de prises en charge alternatives et non médicamenteuses ne cesse de croître, la félinothérapie a indéniablement une carte à jouer.

En s'appuyant sur la relation unique et privilégiée qui nous lie aux chats, en valorisant leurs formidables capacités d'apaisement, de stimulation et de réconfort, ces interventions peuvent apporter une réponse innovante et complémentaire aux approches thérapeutiques classiques.

Mais pour que cette vision se concrétise, il est essentiel que tous les acteurs concernés - pouvoirs publics, professionnels de santé, chercheurs, associations de protection animale - se mobilisent et travaillent de concert. Il s'agit de construire un cadre clair et rigoureux pour le développement de ces pratiques, de former et de soutenir les intervenants, de sensibiliser le grand public aux bienfaits et aux exigences de cette approche.

C'est à ce prix que les thérapies assistées par le chat pourront réellement tenir leurs promesses et s'imposer comme une option thérapeutique crédible et reconnue. Alors, laissons-nous guider par la sagesse et la douceur de nos amis félins, et œuvrons ensemble pour faire de la félinothérapie un pilier de notre arsenal thérapeutique.

Car s'il y a bien une chose que les chats peuvent nous apprendre, c'est que le chemin vers la sérénité et le bien-être passe souvent par les petits plaisirs simples de la vie, comme un ronronnement apaisant au creux de l'oreille ou une douce boule de poils lovée sur nos genoux. Avec les chats à nos côtés, c'est un avenir plein d'espoir et de douceur qui s'offre à nous.

Diversité des approches et perspectives d'avenir

La thérapie assistée par le chat est un domaine en pleine expansion, qui ne cesse d'explorer de nouvelles pistes et d'élargir ses champs d'application. Si les bienfaits de la présence féline sur la santé mentale et le bien-être émotionnel sont désormais bien documentés, les modalités d'intervention se diversifient pour s'adapter à des publics et des problématiques toujours plus variés.

Ainsi, aux côtés des programmes "classiques" de félinothérapie en institution (maisons de retraite, hôpitaux, centres pour personnes handicapées...), on voit émerger des approches plus ciblées et spécialisées. Par exemple, certains thérapeutes se concentrent sur l'accompagnement des enfants et des adolescents souffrant de troubles anxieux, en utilisant le chat comme médiateur pour faciliter l'expression des émotions et l'apprentissage de stratégies de gestion du stress.

D'autres développent des programmes spécifiques pour les personnes atteintes de troubles du spectre autistique, en s'appuyant sur les capacités relationnelles particulières des chats pour favoriser les interactions sociales et la communication. On assiste également à un essor des interventions de félinothérapie à domicile, permettant aux personnes isolées, dépendantes ou en situation de handicap de bénéficier des bienfaits de la présence féline dans leur environnement quotidien.

Des associations et des structures spécialisées proposent ainsi des visites régulières de chats "thérapeutes" au domicile des bénéficiaires, offrant un soutien affectif précieux et une stimulation adaptée à leurs besoins spécifiques. Autre tendance prometteuse : l'intégration de la félinothérapie dans des approches multidisciplinaires et complémentaires.

De plus en plus de professionnels de santé (psychologues, ergothérapeutes, psychomotriciens...) choisissent de se former à la médiation féline pour enrichir leur pratique et proposer à leurs patients un accompagnement global, associant les bienfaits du chat à d'autres outils thérapeutiques.

Cette approche intégrative permet une prise en charge sur mesure, tenant compte de la singularité de chaque personne et de la complexité de sa situation. La recherche scientifique s'intéresse aussi de près au potentiel thérapeutique des chats, avec des études de plus en plus nombreuses et rigoureuses pour évaluer l'efficacité des différents programmes de félinothérapie.

Des protocoles sont mis en place pour mesurer l'impact de la présence féline sur des variables telles que le niveau de stress, les symptômes anxieux et dépressifs, la qualité de vie, les capacités cognitives ou encore les interactions sociales. L'objectif est de valider scientifiquement les bienfaits observés sur le terrain, mais aussi d'identifier les mécanismes précis à l'œuvre dans la relation thérapeutique homme-chat.

Ces recherches ouvrent des perspectives passionnantes pour l'avenir de la félinothérapie. En affinant la compréhension des processus impliqués, elles permettront d'optimiser les interventions, de les personnaliser en fonction des profils et des besoins de chacun.

Elles contribueront aussi à asseoir la légitimité et la crédibilité de cette approche, encore parfois regardée avec scepticisme, au sein de la communauté médicale et scientifique. Parmi les pistes d'avenir particulièrement enthousiasmantes, on peut citer le développement de programmes de félinothérapie spécifiquement conçus pour la gestion du stress et la prévention de l'épuisement professionnel.

Face à l'ampleur des enjeux de santé au travail, la présence apaisante et rassurante des chats en entreprise pourrait devenir un précieux outil de bien-être et de performance. Des expérimentations sont d'ailleurs déjà menées dans certaines sociétés pionnières, avec des résultats très encourageants en termes de réduction du stress, de cohésion d'équipe et de créativité.

Autre axe prometteur : l'utilisation de la félinothérapie dans l'accompagnement des personnes en fin de vie ou endeuillées. La présence douce et réconfortante d'un chat peut en effet apporter un soutien émotionnel inestimable dans ces moments si délicats, offrant une présence apaisante, un ancrage dans l'instant présent, un contact chaleureux quand les mots sont difficiles.

Des initiatives se développent d'ailleurs pour proposer des interventions de chats "thérapeutes" dans les unités de soins palliatifs ou les centres d'accompagnement du deuil. À plus long terme, on peut imaginer que la félinothérapie s'intègre pleinement dans les politiques de santé publique, comme un outil de prévention et de promotion du bien-être accessible au plus grand nombre.

Cela passera par une sensibilisation accrue du grand public aux bienfaits de la présence féline, mais aussi par la formation de davantage de professionnels qualifiés et la mise en place de financements dédiés. Un véritable enjeu de société quand on sait l'impact majeur de la santé mentale et du bien-être émotionnel sur toutes les sphères de notre vie.

Bien sûr, pour que cette vision se concrétise, il faudra aussi veiller à préserver le bien-être et le respect des chats "thérapeutes", en encadrant rigoureusement leur sélection, leur formation et leurs conditions d'intervention. Car la félinothérapie est avant tout une relation de partenariat et de coopération entre l'humain et l'animal, qui ne peut être épanouissante et bénéfique que dans le respect mutuel.

C'est tout l'enjeu des années à venir : construire une félinothérapie éthique et responsable, qui sache tirer le meilleur de la relation unique qui nous lie aux chats tout en plaçant leur bien-être au cœur des préoccupations. Un défi passionnant qui ouvre la voie à une nouvelle façon de penser notre rapport au soin et au vivant.

Alors, laissons-nous guider par la sagesse féline pour inventer la thérapie de demain : une approche intégrative et créative du soin, qui replace la relation et l'émotion au cœur de l'accompagnement. Avec les chats comme alliés et inspirateurs, c'est une véritable révolution du prendre soin qui est en marche, pour le plus grand bénéfice de tous, humains et félins.

L'avenir de la félinothérapie s'annonce donc riche de promesses et d'innovations. Gageons que dans quelques années, la présence des chats "thérapeutes" sera devenue un incontournable des établissements de soin, des entreprises, des écoles et des foyers. Une présence rassurante et bienfaisante, pour nous rappeler chaque jour l'importance de cultiver notre part de douceur et de sérénité.

Alors, ouvrons grand nos cœurs et nos esprits aux trésors de sagesse et de réconfort que nos amis félins ont à nous offrir. Et construisons ensemble un avenir où la félinothérapie aura toute sa place pour nous aider à apprivoiser nos émotions et à prendre soin de notre humanité.

Le ronronnement apaisant des chats est déjà en train de réenchanter notre approche du soin et du bien-être, vers plus de douceur, de lien et de bienveillance. Un merveilleux voyage qui ne fait que commencer...

Chapitre 29 : FAQ : Les réponses à vos questions

Bienvenue dans ce chapitre dédié aux questions fréquemment posées sur les chats et l'anxiété. Tout au long de ce livre, nous avons exploré en profondeur le merveilleux pouvoir apaisant des chats et comment leur présence réconfortante peut nous aider à apprivoiser nos angoisses.

Mais il est normal que vous ayez encore des interrogations, des doutes ou des préoccupations. C'est tout l'objet de ce chapitre : répondre de manière claire, détaillée et bienveillante à toutes les questions que vous vous posez encore sur cette fascinante relation thérapeutique entre l'humain et le chat.

Nous aborderons un large éventail de sujets, des signes de l'anxiété féline aux meilleures races pour apaiser le stress, en passant par des conseils pratiques pour créer un environnement serein pour votre compagnon. Alors, installez-vous confortablement, votre doux félin sur les genoux, et laissez-nous vous guider dans ce voyage au cœur de la sagesse apaisante des chats.

Ensemble, question après question, nous allons lever les derniers doutes et vous donner toutes les clés pour faire de votre relation avec votre chat un véritable havre de paix et de sérénité.

Q1 : Comment savoir si mon chat est stressé ou anxieux ?

R : Les chats sont des maîtres dans l'art de dissimuler leur mal-être, ce qui peut rendre difficile la détection des signes d'anxiété. Cependant, certains indices ne trompent pas. Si votre chat présente un ou plusieurs des comportements suivants, il est fort probable qu'il soit stressé :

- Il se cache plus que d'habitude et semble éviter les interactions.

- Il est plus agité, nerveux, sur le qui-vive.

- Il miaule de manière excessive, avec des vocalises plaintives.

- Il fait ses besoins en dehors de la litière.

- Il marque son territoire par des griffades ou des jets d'urine.

- Il a perdu l'appétit ou, au contraire, mange de manière compulsive.

- Il se lèche de manière excessive, jusqu'à créer des plaies.

- Il est plus agressif ou irritable que d'habitude.

Bien sûr, chaque chat est unique et peut manifester son stress différemment. Le plus important est d'être attentif aux changements, même subtils, dans le comportement de votre compagnon. Vous êtes le mieux placé pour repérer ces petits signes qui indiquent que quelque chose ne va pas.

N'hésitez pas à consulter votre vétérinaire si vous avez un doute. Il pourra vous aider à déterminer si l'anxiété de votre chat a une origine médicale ou comportementale et vous conseiller sur la meilleure approche pour l'apaiser.

Q2 : Quelles sont les principales causes d'anxiété chez les chats ?

R : Les sources de stress pour nos félins sont nombreuses et variées. Parmi les plus fréquentes, on peut citer :

- Les changements dans l'environnement : un déménagement, de nouveaux meubles, une réorganisation de l'espace peut perturber les repères de votre chat et générer du stress.

- L'arrivée d'un nouvel animal ou d'un bébé : votre chat peut se sentir menacé ou délaissé et avoir du mal à trouver sa place dans ce nouveau contexte familial.

- Les conflits avec d'autres chats : la cohabitation féline n'est pas toujours simple et les tensions territoriales peuvent être une source majeure d'anxiété.

- La solitude et l'ennui : les chats ont besoin de stimulation mentale et physique. Un environnement pauvre en distractions peut engendrer frustration et mal-être.

- Les bruits forts et soudains : comme les orages, les feux d'artifice ou les travaux, qui peuvent terrifier certains chats sensibles.

- Les changements de routine : nos félins sont de grands adeptes des habitudes. Un bouleversement dans les heures de repas, de jeu ou de câlins peut les déstabiliser.

- Les visites chez le vétérinaire ou les voyages : beaucoup de chats associent ces expériences à un stress intense et peuvent développer une véritable phobie.

- Un deuil ou une séparation : les chats tissent des liens très forts avec leurs humains et peuvent vivre douloureusement une absence prolongée ou définitive.

Bien sûr, chaque chat a sa propre sensibilité et ses déclencheurs de stress spécifiques. Certains seront plus réactifs aux changements dans leur espace vital, d'autres aux bouleversements relationnels. L'essentiel est d'essayer de comprendre ce qui, dans l'environnement ou le mode de vie de votre chat, peut représenter une source d'inconfort ou de mal-être pour lui.

Une fois ces facteurs identifiés, vous pourrez mettre en place des aménagements et des stratégies pour les atténuer et restaurer un climat de quiétude pour votre félin. Cela peut passer par l'enrichissement du milieu (arbres à chat, jouets, cachettes...), le respect d'une routine stable et prévisible, des séances de jeu et de câlins régulières pour renforcer votre lien, ou encore l'utilisation de phéromones apaisantes en cas de situation stressante ponctuelle.

N'oubliez pas qu'il faut parfois du temps et de la patience pour aider un chat stressé à retrouver sa sérénité. Mais votre amour et votre engagement seront vos meilleurs alliés dans cette quête d'apaisement.

Q3 : Mon chat semble stressé depuis l'arrivée de mon bébé. Que puis-je faire ?

R : L'arrivée d'un nouveau-né est un grand chamboulement, pour vous comme pour votre chat. Son univers familier est soudain bouleversé par de nouvelles odeurs, de nouveaux sons, un nouveau rythme et, surtout, un petit être accaparant une grande partie de l'attention de ses humains.

Il est normal que votre félin se sente un peu déstabilisé et anxieux dans ce contexte. Pour l'aider à vivre au mieux cette transition, il est important de le préparer en douceur avant même la naissance. Vous pouvez, par exemple, l'habituer progressivement aux odeurs du bébé en utilisant à l'avance les produits de soin que vous utiliserez.

Laissez-lui aussi le temps de s'accoutumer aux nouveaux meubles et équipements (table à langer, berceau...) en les introduisant progressivement dans son espace. Une fois bébé arrivé, veillez à maintenir autant que possible les routines rassurantes de votre chat (heures des repas, moments de jeu, rituels de câlins...).

Montrez-lui qu'il a toujours sa place dans la famille et qu'il peut compter sur vous malgré les bouleversements. Aménagez-lui des zones de repli au calme, où il pourra se réfugier quand il se sent submergé par l'agitation ambiante. Mais encouragez aussi les interactions positives avec le nouveau membre de la famille, sous votre supervision bienveillante.

Laissez-le sentir et observer bébé à son rythme, sans le forcer. Soyez attentif aux signes de stress (retrait, agressivité, malpropreté...) et n'hésitez pas à enrichir son environnement avec des jouets, des séances de jeu interactif pour l'aider à évacuer ses tensions. Les phéromones apaisantes peuvent aussi être une aide précieuse pour l'aider à se détendre.

Avec le temps, la patience et beaucoup d'amour, votre chat finira par accepter ce nouveau compagnon et trouvera un nouvel équilibre dans cette famille agrandie. Certains développent même une relation très forte et protectrice avec le bébé, devenant leur ange gardien félin.

Q4 : Existe-t-il des races de chats plus adaptées pour les personnes anxieuses ?

R : Tous les chats, quelle que soit leur race, ont ce merveilleux pouvoir apaisant et réconfortant qui peut faire tant de bien quand on souffre d'anxiété. Cependant, certaines races sont réputées pour leur tempérament particulièrement doux, calme et sociable, ce qui peut en faire des compagnons idéaux pour les personnes en quête de sérénité. Parmi elles, on peut citer :

- Le Persan : célèbre pour son calme olympien et sa présence douce et rassurante. C'est un chat très casanier, qui apprécie les séances de câlins prolongées et la tranquillité d'un foyer paisible.

- Le Ragdoll : comme son nom l'indique, c'est une véritable poupée de chiffon, ultra-sociable et détendue. Il adore la compagnie de ses humains et se laisse volontiers porter et cajoler, ce qui en fait un partenaire idéal pour les moments de détente et de cocooning.

- Le Sacré de Birmanie : réputé pour sa grande sensibilité et son intuition, c'est un chat très à l'écoute des émotions de son humain. Sa présence douce et apaisante fait merveille pour apaiser les cœurs troublés.

- Le British Shorthair : placide et débonnaire, c'est un chat très adaptable qui se satisfait d'une vie calme et routinière. Son tempérament égal et sa constance font de lui un compagnon très rassurant.

- Le Maine Coon : malgré sa grande taille, c'est un doux géant au cœur tendre. Très sociable et joueur, il apporte une présence joyeuse et réconfortante au quotidien.

Mais n'oublions pas que le plus important reste la qualité du lien que vous tisserez avec votre chat, quelle que soit sa race. Un chat adopté avec amour et respect, bien socialisé et épanoui, sera toujours le meilleur allié contre l'anxiété, qu'il soit européen, siamois ou sphynx.

L'essentiel est de choisir un compagnon qui vous correspond, avec un tempérament compatible avec votre mode de vie et vos attentes. N'hésitez pas à passer du temps avec différents chats avant de vous décider, et laissez votre cœur vous guider vers celui qui saura apaiser vos tourments et illuminer votre quotidien.

Q5 : Mon chat peut-il ressentir mon stress et devenir anxieux à son tour ?

R : Les chats sont des êtres extrêmement sensibles et intuitifs, capables de percevoir les changements subtils dans notre langage corporel, notre ton de voix et nos émotions. Quand nous sommes stressés ou anxieux, nous envoyons inconsciemment des signaux que notre chat peut capter et interpréter comme une source de danger ou d'inconfort.

Il peut alors lui-même développer des symptômes d'anxiété, comme des vocalisations excessives, une perte d'appétit, des comportements de cachette ou de toilettage excessif. C'est ce qu'on appelle la "contagion émotionnelle", un phénomène bien documenté chez de nombreuses espèces animales.

Pour éviter que votre propre stress n'affecte votre chat, il est important de prendre soin de votre bien-être émotionnel et de gérer activement votre anxiété. Les techniques de relaxation, la méditation, l'exercice physique et la thérapie peuvent vous aider à réduire votre niveau de stress et à maintenir un environnement paisible pour votre chat.

Il est également crucial de maintenir une routine stable et prévisible pour votre félin, avec des heures régulières de repas, de jeu et de câlins. Les chats sont des créatures d'habitude qui se rassurent grâce à la constance de leur environnement. Des changements brusques peuvent être une source de stress pour eux. Si malgré vos efforts, vous remarquez des signes d'anxiété chez votre chat, n'hésitez pas à consulter votre vétérinaire.

Il pourra vous aider à identifier les déclencheurs de stress et à mettre en place un plan d'action pour apaiser votre félin, que ce soit à travers des aménagements de l'environnement, des techniques de jeu et de relaxation, voire un traitement médicamenteux si nécessaire.

Rappelez-vous qu'en prenant soin de votre propre bien-être émotionnel, vous offrez à votre chat le meilleur environnement possible pour s'épanouir sereinement à vos côtés. Votre sérénité est la clé de la sienne.

Q6 : Puis-je entraîner mon chat à devenir un "chat thérapeutique" pour m'aider avec mon anxiété ?

R : Tous les chats ont en eux ce merveilleux potentiel apaisant et réconfortant qui peut nous aider à apaiser nos angoisses au quotidien. Cependant, devenir un "chat thérapeutique" officiel, intervenant par exemple en milieu de soin ou auprès de publics spécifiques, demande un entraînement et une certification particulière.

Les chats sélectionnés pour ce type de travail sont choisis pour leur tempérament exceptionnellement calme et sociable, et sont soumis à un entraînement rigoureux pour s'habituer aux environnements stressants et à l'interaction avec des personnes fragiles.

C'est un véritable métier qui demande des compétences spécifiques, tant de la part du chat que de son référent humain. Cependant, cela ne signifie pas que vous ne pouvez pas faire de votre propre chat un merveilleux allié thérapeutique personnel !

En créant une relation de complicité et de confiance avec lui, en étant à l'écoute de ses besoins et de sa personnalité, vous pouvez développer un lien unique et précieux qui vous apportera réconfort et apaisement au quotidien. L'essentiel est d'être patient, à l'écoute et respectueux du rythme et des préférences de votre chat.

Certains félins sont naturellement plus indépendants et moins tactiles, tandis que d'autres sont de véritables pots de colle avides de câlins. En observant attentivement votre chat, en apprenant à décoder son langage corporel et ses signaux de communication, vous saurez comment interagir avec lui de la manière la plus épanouissante pour vous deux.

N'hésitez pas à mettre en place des rituels de jeu, de relaxation et de tendresse avec votre chat, comme des séances de brossage, des moments de méditation ensemble ou des parties de jeu interactif. Plus votre relation sera riche et nourrie d'échanges positifs, plus votre chat pourra vous apporter de réconfort et de bien-être émotionnel.

Rappelez-vous aussi que chaque chat est unique et qu'il n'y a pas de "recette miracle" pour en faire un parfait thérapeute. Le plus important est de respecter sa nature et de l'aimer tel qu'il est, avec ses qualités et ses petites imperfections. C'est justement cette acceptation inconditionnelle et cette présence bienveillante qui font des chats de si merveilleux compagnons pour apaiser nos angoisses.

Alors laissez la magie opérer naturellement, au fil de votre relation grandissante avec votre félin. Jour après jour, ronron après ronron, vous construirez ensemble cette bulle de complicité et de réconfort qui vous aidera à vous sentir plus serein et épanoui. Votre chat a déjà tout ce qu'il faut en lui pour être votre plus précieux allié anti-stress !

Q7 : Que faire si mon chat lui-même souffre d'anxiété ? Comment puis-je l'aider ?

R : Comme nous l'avons vu, les chats peuvent eux aussi souffrir d'anxiété, que ce soit à cause de changements dans leur environnement, de conflits avec d'autres animaux, d'un manque de stimulation ou d'une maladie sous-jacente.

Si votre chat présente des signes d'anxiété persistants, comme des miaulements excessifs, des comportements de cachette, une perte d'appétit ou des troubles digestifs, il est important de consulter votre vétérinaire pour écarter toute cause médicale.

Une fois les problèmes de santé éliminés, vous pouvez mettre en place différentes stratégies pour aider votre chat à se sentir plus serein et en sécurité :

- Assurez-vous que votre chat dispose d'un environnement riche et stimulant, avec de nombreuses opportunités de jeu, d'exploration et de repos. Les arbres à chat, les jouets interactifs, les cachettes douillettes sont autant d'éléments qui peuvent l'aider à se sentir en sécurité et épanoui.

- Respectez une routine stable et prévisible, avec des heures régulières de repas, de jeu et de câlins. Les chats sont des créatures d'habitude qui se rassurent grâce à la constance de leur environnement.

- Utilisez des phéromones apaisantes, comme le Feliway, qui imitent les phéromones faciales que les chats déposent naturellement quand ils se sentent en sécurité. Diffusées dans l'environnement, elles peuvent aider à réduire le stress et l'anxiété.

- Proposez des séances de jeu et d'interaction positives à votre chat, pour renforcer votre lien et l'aider à évacuer ses tensions. Le jeu est un excellent moyen pour les chats de relâcher leur stress et de se sentir en confiance.

- Apprenez à respecter les signaux de communication de votre chat et à ne pas le forcer à interagir s'il n'en a pas envie. Les chats ont besoin de pouvoir contrôler leurs interactions sociales et de se retirer quand ils se sentent dépassés.

- Dans les cas d'anxiété sévère, votre vétérinaire pourra vous prescrire des médicaments anti-anxiété ou vous orienter vers un comportementaliste félin qui pourra mettre en place un plan de thérapie comportementale adapté.

Rappelez-vous que l'anxiété féline est un problème complexe qui demande de la patience, de la douceur et de la persévérance. Avec de l'amour, de la compréhension et les bons outils, vous pouvez aider votre chat à surmonter ses peurs et à retrouver sa sérénité.

Votre propre bien-être émotionnel est aussi essentiel dans ce processus. En gérant activement votre stress et en cultivant votre propre paix intérieure, vous créez un environnement apaisant qui profite aussi à votre chat. Ensemble, dans une relation de soutien et de réconfort mutuel, vous pouvez cheminer main dans la patte vers plus de quiétude et de bien-être.

N'oubliez pas : chaque petit progrès est une victoire, chaque ronronnement est un trésor. Avec de l'amour et de la patience, vous pouvez aider votre chat anxieux à s'épanouir et à savourer chaque instant de sa vie féline à vos côtés. Et c'est dans cette quête commune de sérénité que se tissent les plus belles histoires d'amour entre un chat et son humain.

Q8 : Existe-t-il des accessoires ou des produits spécifiques pour aider mon chat à gérer son anxiété ?

R : Oui, il existe de nombreux accessoires et produits conçus spécifiquement pour aider les chats à gérer leur stress et leur anxiété. En voici quelques exemples :

- Les diffuseurs de phéromones apaisantes, comme le Feliway, qui diffusent dans l'air des répliques synthétiques des phéromones faciales que les chats produisent quand ils se sentent en sécurité. Ces phéromones ont un effet calmant et rassurant, et peuvent aider à réduire l'anxiété dans des situations stressantes.

- Les sprays et les colliers apaisants, également à base de phéromones félines, qui peuvent être utilisés ponctuellement dans des situations anxiogènes, comme un voyage en voiture ou une visite chez le vétérinaire.

- Les jouets interactifs, comme les circuits de jeu, les puzzles alimentaires ou les jouets à plumes, qui stimulent l'instinct de chasse et de jeu du chat, l'aidant à évacuer ses tensions et à se dépenser physiquement et mentalement.

- Les arbres à chat et les griffoirs, qui offrent à votre félin un espace vertical sécurisant où il peut se percher, observer son environnement et faire ses griffes, réduisant ainsi son stress et son anxiété.

- Les cachettes et les dômes de repos, qui procurent à votre chat un endroit calme et protégé où il peut se retirer quand il se sent dépassé ou anxieux. Les chats adorent les espaces confinés qui leur donnent un sentiment de sécurité.

- Les fontaines à eau, qui encouragent les chats à boire davantage, favorisant ainsi une bonne hydratation et une santé urinaire optimale. Les chats peuvent être stressés par une eau stagnante ou insuffisante.

- Les aliments et les compléments alimentaires anti-stress, enrichis en substances apaisantes comme la L-théanine, le magnésium ou le tryptophane, qui peuvent aider à réduire l'anxiété et à favoriser la relaxation.

Il est important de noter que ces accessoires et ces produits ne sont pas des solutions miracles et qu'ils doivent être utilisés en complément d'une prise en charge globale de l'anxiété, incluant des modifications de l'environnement, une gestion du stress et une relation de confiance avec vous.

Chaque chat étant unique, il peut être nécessaire d'essayer différents produits pour trouver ce qui convient le mieux à votre félin. N'hésitez pas à demander conseil à votre vétérinaire ou à un comportementaliste félin, qui pourront vous guider dans vos choix en fonction de la personnalité et des besoins spécifiques de votre chat.

Et surtout, n'oubliez pas que le plus précieux des accessoires anti-stress pour votre chat, c'est vous ! Votre présence aimante, vos caresses apaisantes, vos mots doux et vos jeux complices sont autant de trésors qui aident votre félin à se sentir en sécurité et chéri.

Alors, en plus des objets et des produits spécialisés, offrez généreusement à votre chat ce que vous seul pouvez lui apporter : votre amour, votre patience et votre engagement à créer pour lui un environnement serein et épanouissant.

C'est dans cette bulle de tendresse partagée que votre chat trouvera le plus grand réconfort et la plus douce des sérénités.

Chapitre 30 : Conclusion : Apprivoisez votre anxiété

Au fil des pages de ce livre, nous avons exploré ensemble le merveilleux pouvoir apaisant des chats et comment leur présence réconfortante peut nous aider à apprivoiser notre anxiété.

Des ronronnements apaisants aux câlins réconfortants, en passant par la douceur des rituels partagés et la sérénité de leur compagnie, nos amis félins ont tant à nous offrir pour apaiser nos angoisses et cultiver notre bien-être émotionnel.

Nous avons découvert le lien unique et précieux qui unit les humains et les chats depuis des millénaires, cette relation de complicité et de confiance mutuelle qui a le pouvoir de transformer nos vies. Nous avons exploré les bienfaits scientifiquement prouvés des interactions avec un chat sur notre santé mentale et physique, de la réduction du stress et de l'anxiété à l'amélioration de notre humeur et de notre qualité de sommeil.

Nous avons appris à décoder le langage corporel de nos compagnons félins, à répondre à leurs besoins, à créer un environnement sécurisant et épanouissant pour eux comme pour nous. Nous avons découvert comment le jeu, les câlins, les moments de tendresse partagés peuvent devenir de véritables outils thérapeutiques pour évacuer nos tensions et cultiver notre joie de vivre.

Nous avons aussi abordé des sujets plus spécifiques, comme le rôle des chats auprès des enfants anxieux, des personnes âgées isolées ou des personnes souffrant de troubles anxieux sévères. Nous avons exploré les pistes prometteuses de la zoothérapie féline et les témoignages inspirants de ceux qui ont vaincu leur anxiété grâce à leur chat.

Mais au-delà de toutes ces connaissances et ces techniques, ce que nous avons appris de plus précieux, c'est que la relation avec un chat est un chemin de vie, un apprentissage de chaque instant. Tout comme nous apprivoisons patiemment nos compagnons félins, jour après jour, caresse après caresse, nous pouvons aussi apprendre à apprivoiser notre anxiété avec douceur et bienveillance.

Car s'il y a bien une chose que nos chats peuvent nous enseigner, c'est l'art de vivre l'instant présent, de s'ancrer dans l'ici et maintenant. Quand l'anxiété nous submerge, quand les pensées négatives et les peurs envahissent notre esprit, il suffit parfois de plonger notre regard dans les yeux sages et paisibles de notre chat pour retrouver notre centre. Sa présence sereine et rassurante nous invite à ralentir, à respirer, à lâcher prise.

Son ronronnement apaisant nous enveloppe comme une douce berceuse, apaisant les tourments de notre âme. Ses câlins tendres et spontanés nous rappellent que nous sommes aimés et chéris, dignes de réconfort et d'affection. En prenant soin de notre chat, en répondant à ses besoins, en lui offrant notre présence et notre amour, nous apprenons aussi à prendre soin de nous-mêmes.

Nourrir notre chat, jouer avec lui, brosser son doux pelage, nettoyer sa litière... Tous ces petits gestes du quotidien deviennent autant de rituels apaisants, de moments de pleine conscience qui nous ancrent dans le présent et apaisent notre mental agité. Avec un chat à nos côtés, nous apprenons à cultiver la patience, la douceur, l'acceptation.

Nous apprenons à respecter nos propres limites, à écouter nos besoins, à nous accorder des moments de pause et de détente. Nous apprenons à apprivoiser nos émotions, à les accueillir avec bienveillance plutôt que de les fuir ou de les combattre. Jour après jour, ronron après ronron, notre relation avec notre chat devient un véritable refuge, un havre de paix et de sérénité où nous pouvons nous ressourcer et reprendre des forces.

Sa présence aimante et rassurante devient un baume apaisant sur nos blessures émotionnelles, un rappel constant que nous ne sommes pas seuls face à nos angoisses. Bien sûr, vivre avec un chat ne fait pas disparaître comme par magie toutes nos peurs et nos inquiétudes. L'anxiété est une compagne de vie complexe et souvent tenace, qui demande patience et persévérance pour être apprivoisée.

Mais avec un chat à nos côtés, nous avons un allié précieux, un soutien indéfectible qui nous aide à tenir bon même dans les moments difficiles. Chaque ronronnement, chaque câlin, chaque moment de complicité partagé devient une petite victoire sur l'anxiété, un pas de plus vers plus de sérénité et de bien-être.

Avec le temps et la pratique, nous apprenons à cultiver cette présence féline en nous-mêmes, à puiser dans notre relation avec notre chat la force et la douceur nécessaires pour apaiser nos tempêtes intérieures. Nous apprenons à nous relier à cette part de nous qui sait profondément que tout va bien, que nous sommes en sécurité et entourés d'amour, malgré les tumultes de la vie.

Nous apprenons à faire confiance au processus, à accueillir nos hauts et nos bas avec la même bienveillance tranquille que notre chat nous témoigne chaque jour. Car c'est peut-être ça, finalement, le plus beau cadeau que nous offrent nos compagnons félins : un modèle vivant de sérénité et d'acceptation, un rappel constant que nous avons en nous toutes les ressources pour apprivoiser nos peurs et nos angoisses.

Avec leur sagesse tranquille et leur amour inconditionnel, ils nous montrent le chemin vers notre propre paix intérieure. Alors, chers amis des chats et compagnons d'anxiété, je vous invite à cultiver chaque jour cette merveilleuse relation thérapeutique avec votre félin. Prenez le temps de vous connecter à sa présence apaisante, de vous imprégner de sa douceur et de sa sérénité.

Offrez-lui votre amour et votre gratitude, et laissez-le vous guider avec patience et bienveillance sur le chemin de la guérison émotionnelle. Ne craignez pas d'expérimenter, d'adapter les conseils de ce livre à votre propre réalité, à votre propre sensibilité. Il n'y a pas de recette miracle ni de mode d'emploi unique pour apprivoiser l'anxiété.

Chaque relation humain-chat est une aventure unique, un cheminement personnel qui demande de l'écoute, de la souplesse et de la créativité. Faites-vous confiance, faites confiance à votre chat et à la sagesse de votre lien. Osez-vous ancrer dans l'instant présent, vous relier à votre souffle, écouter les messages de votre corps et de votre cœur.

Laissez votre chat vous inspirer et vous guider, pas après pas, ronron après ronron, vers plus de douceur et de légèreté. Et surtout, n'oubliez jamais que vous n'êtes pas seul dans cette aventure. Votre chat est là, fidèle et aimant, prêt à vous réconforter et à vous épauler à chaque instant.

Mais au-delà de votre relation privilégiée avec votre félin, vous faites aussi partie d'une grande communauté d'humains qui cheminent avec l'anxiété, et qui trouvent dans la présence apaisante des chats un soutien précieux. N'hésitez pas à partager votre expérience, à échanger avec d'autres amoureux des chats, à chercher du soutien et de l'inspiration auprès de ceux qui comprennent votre réalité.

Ensemble, main dans la patte, nous pouvons nous épauler et nous encourager mutuellement sur ce chemin de vie parfois sinueux mais tellement riche de sens et de connexion.

Alors, chers amis, je vous souhaite de tout cœur de savourer chaque instant de cette merveilleuse aventure féline et humaine. Puisse la sagesse et la douceur de votre chat illuminer votre quotidien et apaiser votre âme.

Puissiez-vous trouver dans sa présence aimante la force et la confiance nécessaires pour apprivoiser votre anxiété avec tendresse et compassion. Rappelez-vous : chaque ronronnement est une petite victoire, chaque câlin est un pas vers la guérison.

Jour après jour, avec patience et bienveillance, vous apprivoisez votre anxiété comme vous avez apprivoisé votre chat. Et dans cette danse de la vie, dans cet apprentissage de chaque instant, se tissent les liens les plus précieux et les plus sacrés.

Alors, respirez profondément, fermez les yeux, et laissez la magie féline vous envelopper de sa douce étreinte. Votre ronronnant compagnon est là, tout près de votre cœur, prêt à vous guider vers votre propre lumière.

Faites-lui confiance, faites-vous confiance. Et surtout, n'oubliez jamais : vous êtes aimé, vous êtes précieux, vous êtes capable d'apprivoiser vos tempêtes intérieures.

Avec tout mon amour et ma gratitude, Votre dévoué serviteur félin.